조선의 기담과 전설

朝鮮の奇談と傳説

야마사키 겐타로(山崎源太郎) 저
이시준 · 장경남 · 김광식 편

Publishing Company

식민지시기 일본어 조선설화자료집 간행사

1910년 8월 22일 일제의 강점 이후, 2010년으로 100년이 지났고, 현재 102년을 맞이하고 있다. 1965년 한일국교 정상화 이후, 한일간의 인적・물적 교류는 양적으로 급속히 발전해 왔다. 하지만 그 양적 발전이 반드시 질적 발전으로 이어지지 않았음이 오늘날의 상황이다. 한일간에는 한류와 일류, 영화, 드라마, 애니메이션, 만화, 음악, 소설 등 상호 교류가 확대일로에 있지만, 한편으로 독도문제를 둘러싼 영유권 문제, 일제강점기의 해석과 기억을 둘러싼 과거사 문제, 1930년대 이후 제국일본의 총력전 체제가 양산해낸 일본군 위안부, 강제연행 강제노력역, 전쟁범죄 문제 등이 첨예한 현안으로 남아 있다.

한편, 패전후 일본의 잘못된 역사인식에 대한 시민단체와 학계의 꾸준한 문제제기가 있었고, 이에 힘입은 일본의 양식적인 지식인이 일본사회에 존재하는 것도 엄연한 사실이다. 이제 우리 자신을 되돌아보아야 한다. 우리는 일제 식민지 문하와 그 실체를 제대로 규명해 내었는가? 해방후 행해진 일제의 식민지 문화에 대한 비판적 연구가 행해진 것은 사실이지만 그 실체에 대한 총체적 규명은 아직도 지난한 과제로 남아있다.

일제는 한국인의 심성과 사상을 지배하기 위해 민간설화 조사에 착수했고, 수많은 설화집과 일선동조론에 기반한 연구를 양산해 냈다. 해가 지나면서 이들 자료는 사라져가고 있어, 서둘러 일제강점기의 '조선설화'(해방후의 한국설화와 구분해, 식민시기 당시의 일반적 용어였던 '조선설화'라는 용어를 사용) 연구의 실체를 규명하는 작업이 요청된다.

이에 본 연구소에서는 1908년 이후 출간된 50여종 이상의 조선설화를 포함한 제국일본 설화집을 새롭게 발굴하여 향후 순차적으로 자료집으로 출간하고자 하니, 한국설화문학・민속학에서 뿐만이 아니라 동아시아 설화문학・민속학의 기반을 형성하는 기초자료가 되고, 더 나아가 국제사회에서의 학문적 역할을 증대하는데 공헌할 수 있기를 바라마지 않는다.

숭실대학교 동아시아언어문화연구소

소장 이 시 준

야마사키 겐타로(山崎源太郎)와 『조선의 기담과 전설(朝鮮の奇談と傳說)』

김광식, 이시준

1908년 경성일보 기자 우스다 잔운(薄田斬雲)의 〈조선총화〉(『암흑의 조선(暗黒なる朝鮮)』)를 시작으로 1910년대부터 일본어로 간행된 조선설화집(이하, 일본어 조선설화집)이 본격적으로 간행되었다. 대표적인 작품으로 다카하시 도루(高橋亨)의 『조선 이야기집과 속담(朝鮮の物語集附俚諺)』(1910), 야오야기 쓰나타로(青柳綱太郎)의 『조선야담집』(1912), 나라키 스에자네(楢木末實)의 『조선의 미신과 속전(朝鮮の迷信と俗傳)』(1913), 미와 다마키(三輪環)의 『전설의 조선(傳說の朝鮮)』(1919) 등이 계속해서 간행되었다.

각각의 설화집이 '총화', '물어(物語)', '야담', '속전', '전설'이라는 용어를 사용했는데, 본 해제에서 다루는 야마사키 겐타로(山崎源太郎)의 『조선의 기담과 전설(朝鮮の奇談と傳說)』은 '기담'과 '전설'이라는 용어를 사용했다. '기담'이라는 용어를 사용해 독자의 흥미를 유도하려 했던 것으로 보인다.

『조선의 기담과 전설』에 대해, 최인학은 본서에는 "신화, 전설, 민담 등을 포함해 대 략 60여 편이 수록되었다. 내용은 일본에도 유화(類話)가 있을 경우, 그 출전을 주석 달거나, 효도에 관련한 이야기 「조선24효」에 24화를 수록했다. 따라서 이 자료집은 학문적보다는 일반 독자용으로 읽혀졌다."고

지적하였다.[1] 한편 사쿠라이는 "저자의 호는 日城으로 경성일보 기자(정확하게는 前경성일보 기자 -필자주). 명치 36년(1903년 - 필자 주)에 도한해, 조고계(操觚界)[2]에 입문해, 조선 민정 연구를 지향했다."고 간단히 언급했다.[3]

가지이는 서문 등을 참고로 발간 유래를 소개하고, 수록 설화수는 "비교적 많지만, 학문적으로 그다지 참고되지 않는다."고 지적하고, "민화, 신화, 전설, 기담, 야담, 동화 등을 그러모아, 독자를 위해 적당히 요리한 것으로 (중략) 단지 표면적인 유사성만으로 일본 민화와 전설과의 친족관계를 무턱대고 강조하거나, 일선동조론에 선 학자들의 의견을 쉽게 끌어와 해설로 대체하는 등, 도저히 호의적으로 평가할 수 없다."고 비판하였다.[4]

권태효는 이른 시기에 문헌신화 자료 전반이 정리된 자료집으로 그 의미를 인정하면서도 "한일 양 민족이 동일한 근원에서 출발하다는 일선동조설(日鮮同祖說)을 뒷받침하기 위한 목적의식을 갖고 정리한 신화자료집이라는 점에서 전혀 객관성을 얻을 수 없는 자료집이다. (중략) 곧 일선동조설을 뒷받침하는 여러 설을 정리해 놓음으로써 궁극적으로 우리의 문헌신화를 이용해 내선일체의 의식을 꾀하는 의도가 있음을 잘 보여주고 있다."고 평가하였다.[5] 이처럼 야마사키의 『조선의 기담과 전설』은 식민지배 이데올로기로 작용한 '일선동조론'을 뒷받침하는 대중용 자료집으로 평가되어 왔지만, 야마사키의 경력과 발간 경위에 대해서는 거의 알려지지 않은 것 또한

1) 崔仁鶴(1974) 「韓國昔話資料文献」, 『朝鮮昔話百選』, 日本放送出版協會, p.310.
2) 操觚界는 문필에 종사하는 사람들의 사회. 신문・잡지 기자・편집자・평론가・문필가들의 사회를 이르는 말.
3) 櫻井義之(1979) 『朝鮮研究文献誌―明治・大正編―』, 龍渓書舎, p.359.
4) 梶井陟(1980) 「朝鮮文学の翻訳足跡 (三) ―神話, 民話, 傳説など―」, 『季刊三千里』, 24号, p.178.
5) 권태효(2006) 「개화기에서 일제강점기까지의 문헌신화 자료 수집 및 정리 현황과 문제점」, 『한국민속학』, 44, pp.21-22.

사실이다. 식민지시기에 조선 설화가 어떻게 이용, 활용되었는지를 해명하는 출발점으로, 이하, 야마사키의 경력과 본서 발간 경위를 개론하고자 한다.

먼저, 서지 사항을 검토하고자 한다. 본서의 표지에는『조선의 기담과 전설(朝鮮の奇談と傳說)』로 되어 있으나, 판권지에는『조선 기담과 전설(朝鮮奇談と傳說)』로 '의(の)'가 빠져 있다. 본고에서는 표지의 서명을 기준으로 삼았다. 발행은 京城 本町(지금의 충무로)의 우쓰보야書房(ウツボヤ書籍店)으로 한글과 일본어가 병기되어 있다. 발매소는 경성일보사 대리부로 명기되어 있다. 본문 222쪽, 정가 1원 50전으로 1920년 9월 22일에 발행되었다.

권두에는 경성일보사장 가토 후사조(加藤房藏, 加藤扶桑)의「서」와 야마사키의「권두언 발간 유래-내선인 친화」가 실려 있다. 먼저 가토는 다음처럼 언급하였다.

> 일본과 조선은 극히 오랜 인연으로 소위 뗄래야 뗄 수 없는 관계다. (중략) 나는 일한 양 민족은 동근동원(同根同源)이라고 믿는 자로, 부족하지만 조사연구를 행하고 있으므로, 적어도 그 의미가 조금이라도 포함된 서적과 문서는 손이 닿는 대로 모으길 게을리 하지 않았다. (중략) 야마사키 겐타로군은 작년 겨울까지(1919년 말 -필자주)까지 본사에서 건필을 휘두르고 있었는데, 평소 일선관계 연구에 취미를 지니고, 보고 듣고 접하는 대로 재료를 수록해, 그 중에서 수십 항목을 선별해『조선 기담과 전설』이라고 제목을 붙여 이번에 간행하게 되어, 서문을 부탁받아, 요청대로 한마디 첨언하였다. 1920년 9월 경성일보사에서 가토 후소(加藤扶桑)[6)]

6) 山崎源太郎(1920)『朝鮮の奇談と傳說』, ウツボヤ書籍店, 序.

가토의 서문을 통해, 야마사키는 1919년 말에 경성일보 기자를 퇴사했음을 알 수 있다. 실제로 『경성일보사지』(1920)에는 가토 이하 자세한 사원명부가 실려 있지만 야마사키의 이름을 찾을 수가 없다.[7] 계속해서 야마사키는 「권두언」에서 '조선에 건너온 것은 명치36년'(1903년)으로 인천에 정착했다고 명기하였다.[8] 그러나 구체적으로 무슨 일을 했는지 언급하지 않았기에 그 종적은 알려져 있지 않다. 필자의 조사에 따르면, 야마사키는 1906년 9월에 『재한의 건괵대(在韓の巾幗[9]隊)』(조선일일신문사, 인천)를 간행하였다. 본서는 러일전쟁 당시 대일본 적십자사 인천임시병원의 보고서를 바탕으로, 야마사키가 견문한 사실을 중심으로, 당시 인천부인회의 활약을 다룬 내용으로,[10] 여성부대의 활약상과 더불어, 「부록 개전당시의 인천」을 추가하였다. 본서가 조선일일신문사에서 발간된 것으로 보아, 1907년 당시 조선일일신문사에 근무한 것으로 추정된다. 『조선일일신문』은 1903년 『인천상보(仁川商報)』로 출발해, 1906년에 『조선일일신문』으로 개칭하고, 1908년에 본사를 인천에서 서울로 옮겼다.[11] 야마사키는 『인천상보』, 『조선일일신문』기자를 거쳐 1910년 병합이후 총독부에 의한 언론사 재편과정에서 경성일보사로 전직해, 1919년까지 근무한 것으로 보인다.

다음으로 야마사키가 『조선의 기담과 전설』을 간행하게 된 배경과 발간경위에 대해서이다. 전술한 바와 같이, 가토의 서문을 통해 야마사키가 평소 한일관계 연구에 취미를 지니고, 견문한 내용을 접하는 대로 자료를 모았음을 알 수 있는데, 야마사키는 『조선의 기담과 전설』의 「권두언」에서 도한

---

7) 藤村忠助編(1920) 『京城日報社誌』, 京城日報社, pp.12-19.
8) 山崎源太郎, op.cit., p.1.
9) 巾幗은 예전에 부인들이 머리를 꾸미기 위하여 사용하던 쓰개의 하나로 오늘날의 머릿수건.
10) 山崎源太郎(1906) 『在韓の巾幗隊』, 朝鮮日日新聞社, 1906, 本書の発行に就て.
11) 최준(1976) 『한국신문사논고』, 일조각, p.301.

당시, 인천의 한국인 사이에서 유행하던 '인천은 참 살기 좋은 곳이지만, 왜놈이 발호(跋扈)하니 정말 난처하다. 아아, 경성으로 가자'라는 노래를 듣고, 한일 양 민족의 이해의 필요성을 절감하였다고 적고 있다. 1903년 "인천 상륙 당시 들은 선인(鮮人)의 비가(悲歌)가 깊이 뇌리에 박혀, 어떻게든 조선적인 것을 충분히 이해하고자 즐겨 선배의 주장을 경청하고, 한편으로 조선의 여러 책을 읽은 결과, 뜻밖에 본서의 재료를 얻었는데, 소생은 더 나아가 이 동화(同化)방법연구를 위해 선인(鮮人) 친구를 많이 만들었는데, 한심하게도 많은 조선인 제군은 자국의 역사를 모르고 (중략) 동원의 민족임을 몰라, 선인(鮮人) 제군의 입에서 소위 왜놈이라는 언어가 손쉽게 나오는 것도 결코 무리가 아니다 (중략) 경성일보 사장 가토 선생 등 유지의 발기로 동원회(同源會) 등이 생겨났으므로, 소생이 열망하는 진정한 내선인 융화가 점차 실현될 것임을 믿고, 소생은 깊이 이를 기뻐하고 있습니다."[12]

이처럼, 야마사키는 '일선동조론'에 기초한 신념을 가지고 '내선인 융화'를 위해, 일본인을 대상으로 조선을 이해시키고, '내선동원'임을 널리 알리기 위해 본서를 간행했다. 가토가 이토록 '내선융화'를 강조하게 된 이유는 바로 전년도에 대대적으로 발생한 '3.1독립운동'에 대응한 것임을 추측할 수 있다. 식민지 경영자에게 조선민중의 독립요구는 큰 위협이었다. 이런 상황에서 야마사키는 가토를 중심으로 결성된 동원회(同源會) 발기를 환영하였다.

실제로 가토는 동원사를 조직해 1920년 2월에 잡지 『동원(同源)』 제1호를 발간하였다. 2월 13일 오후 6시에 남산 호텔에서 『동원』의 창간을 축하하는 피로연이 개최되고, 잡지 발행의 동기와 취지 등이 설명되었다. 2월 15일자 『경성일보』와 『매일신보』 1면에는 각각 『동원』발행의 취지를 설명하는 가

12) 山崎源太郎(1920) op.cit., pp.3-4.

토의 글과 『동원』발행의 의미를 전하는 사설이 실렸다. 동원은 매월 발행을 목표로 하고 논문 사정에 따라 격월 발행을 계획했지만, 4월에 제2호, 12월에 제3호를 발간한 뒤 종간되었다. 『동원』의 발간과 경영에 깊게 관여한 가토는 일본 『山陽新報』의 주간으로 있다가 1918년 7월부터 1921년 2월까지 경성일보 사장으로 근무했고, 3.1운동을 겪은 뒤 일본인과 조선인의 융화를 위한 활동에 적극적으로 나섰다. 대표적으로 1921년 1월부터 당대 최대의 영향력을 행사하던 내선융화단체 대정친목회의 고문으로 활동했다. 『동원』이 제3호로 종간된 이유는, 원고난도 있지만, 창간과 운영에 결정적 역할을 한 가토가 돌연 경성일보를 사임한 것과 관련이 있어 보인다. 즉 『동원』의 발행과 '일선동원론'의 확산에는 조선총독부가 깊게 개입한 게 아니라, 경성일보 사장 개인의 의지가 크게 반영되었음을 확인할 수 있다.[13)]

가토는 잡지 『동원』의 취지문 서두에서 다음과 같이 강조하였다.

> 일본민족과 조선민족이 동근(同根)에서 나고, 동종(同種)에 속한다는 것은 고전 신화 및 전설을 통해 미루어 알 수 있고, 또한 근년 지리학 역사학 고고학 인류학 언어학 등 과학적 연구의 결과, 수많은 사실을 발견한 것은 모두가 아는 바이다.[14)]

이처럼 가토 경성일보사장은 3.1독립운동에 충격을 받고, 그 타개책으로 '일선동원론'을 모색하는 중심인물이었는데, '내선동근'을 보여주는 가장 상징적인 것이 바로 신화와 전설이었음을 확인할 수 있다. 이런 상황에서 가토는 『동원』이 일시적으로 정간된 상황에서 9월에 간행된 『조선의 기담과

---

13) 장신(2009) 「3·1운동 직후 잡지 『동원』의 발간과 일선동원론」, 『역사와 현실』, 73, pp.273-275. 『同源』에 대해서는 이 논문을 참고.
14) 加藤房蔵(1920) 「『同源』 発行ノ趣旨」, 『同源』, 1号, p.1.

전설』에 기꺼이 서문을 기고한 것이다.

한편, 『동원』에는 야마사키의 글이 실리지 않았다. 다만 『동원』에는 필명으로 실린 글이 있기에 그 중에 야마사키의 글이 들어 있을 가능성을 배제할 수 없다.

끝으로 『조선의 기담과 전설』의 목차와 내용은 다음과 같다.

목차	내용
사담신화(史談神話)	단군, 기자箕子, 동원동종, 신라, 연오랑 세오녀 등 8항목
官人기질	선정군수, 천하제일의 미인, 명판결, 거짓말 달인 등 9항목
부자사제(父子師弟)	악우惡友, 장승, 쥐의 혼례, 부모마음, 조선24효 등 9항목
여러 여자	선녀와 나무꾼, 선녀의 재생, 무사의 처, 춘향전 등 7항목)
장삼이사(張三李四)	거울을 모르는 사람, 흥부전, 거지의 지혜, 아내가 무서워, 곰 동굴에 3년 등 13항목)
괴담귀화(怪談鬼話)	혹부리, 금방망이, 조선의 요괴 등 6항목)

후대의 설화집에서는 『조선의 기담과 전설』이 자주 언급되고 있으며, 「곰 동굴에 3년」은 나카무라 료헤이의 작품집에도 개작되어 실리는 등 영향을 끼친 것으로 보인다.[15] 금후 그 영향 및 내용에 대한 구체적인 검토가 요청된다.

참고문헌

권태효(2006) 「개화기에서 일제강점기까지의 문헌신화 자료 수집 및 정리 현황과 문제점」,

15) 김광식·이시준(2013) 「나카무라 료헤이 中村亮平와 『조선동화집』고찰－선행 설화집의 영향을 중심으로」, 『일본어문학』, 57, 한국일본어문학회을 참고.

『한국민속학』 44.
김광식·이시준(2013) 「나카무라 료헤이(中村亮平)와 『조선동화집』고찰－선행 설화집의 영향을 중심으로」 『일본어문학』 57, 한국일본어문학회.
장신(2009) 「3・1운동 직후 잡지 『동원』의 발간과 일선동원론」 『역사와 현실』 73
최준(1982) 『한국신문사논고』, 일조각.
崔仁鶴(1974) 『朝鮮昔話百選』, 日本放送出版協會.
櫻井義之(1979) 『朝鮮研究文献誌―明治・大正編―』, 龍渓書舎.
梶井陟(1980) 「朝鮮文学の翻訳足跡 (三) ―神話,民話,傳説など―」, 『季刊三千里』 24号.
藤村忠助編(1920) 『京城日報社誌』, 京城日報社.
加藤房蔵(1920.2) 「『同源』発行ノ趣旨」 『同源』1号.
山崎源太郎(1920) 『朝鮮の奇談と傳説』, ウツボヤ書籍店.
山崎源太郎(1906) 『在韓の巾幗隊』, 朝鮮日日新聞社.

朝鮮の奇談と傳説
京城日報社長
加藤扶桑先生序
日城 山崎源太郎著
京城 ウツボヤ書籍店刊

京城日報社長 加藤扶桑先生序
記者 山崎日城著

朝鮮奇談と傳說

＝史談＝神話＝古譚＝
＝情話＝笑話＝其他＝

京城 ウツボヤ書籍店發行

序

日本と朝鮮とは極めて古い因緣があつて所謂切ても切れぬ關係である。然るに其の關係は上代に親密であつて後世に疎遠であつた爲め、最近年代まで赤の他人のやうに、双方とも無關心沒交涉であつたのは、甚だ遺憾の次第である。それ故日本と朝鮮との關係について書いた書物は帝國圖書館を捜しても數百部とは存在して居ないと思はれる。眞に心外千萬なことである。予は日韓兩民族は同根同源であらうと信ずる者であつて、及ばずながら調査研究を試みて居るのであるから、苟も此の意味が聊かでも含まれて居る書物なり文書なりは、手當り次第に蒐集して怠らぬのである。況して新たに出版せられる。書物がある に於ては、予が満悦を禁ずる能はざる處である。山崎源太郎君は昨年 の冬まで吾社に在りて健筆を揮つて居たのであるが、平素日鮮關係の 研究に趣味を有して、耳目に觸るゝまに〳〵材料を收錄して居て、其 の中より幾十項を選み出して『朝鮮奇談と傳說』と題し今回刊行する ことにしたから序文を書けと謂はるゝまゝ喜んで一言を添へたのであ る。

大正九年九月

京城日報社に於て　加藤扶桑

朝鮮奇談と傳説 目次

卷頭言

發刊の次第……內鮮人親和……1

史談神話

檀君……朝鮮上古史……6
箕子……千古の史歎……12
同源同種……言文衣食住……17
新羅……神話の解剖……20
延烏と細烏……迎日灣神話……26
高句麗……日神の御子……28
百濟……亡びるとき……30
李如松……失敗の秘史……34

官人氣質

善政郡守……巧みなウソ……38
天下一の美人……美少年通譯……42
無言の問答……日本の落語……45
明判決……朝鮮大岡さばき……49

樂書の名筆……日本に似た話……52
嘘の達人……嘘つき競べ……54
地雷火……支那の名將……56
牛の敎訓……畜類と密談……58
今屈原……頓智の褒美……59
誰の云ふも事尤も……59……鯖郡守……62
家の中の傘……63

父子師弟

惡・友……西洋の童話……64
惠んだ大金……德孤ならず……68

二

師僧の豫言……海印寺奇談……75
占ひの名人……是も日本落語……81
チヤンスン……朝鮮の道標……86
鼠の婚禮……母國其儘譚……91
扇の壽命……吝嗇くらべ……93
親の心……カラも倭も……94
朝鮮廿四孝……代表的孝子……98

女いろ〳〵

羽衣物語……所は金剛山……112
（母國の羽衣物語と竹取物語解）

天女の再生……春宵佳話……119
貞婦の念力……朝鮮の操鏡……134
武士の妻……夫は高楊子……144
春香傳……名篇の梗概……148
女房と米……叱られ亭主……159
婚禮虎物語……朝鮮の奇習……160
非人の復讐……147 平壌の妓……133
藝者と妓生……166

張三李四

鏡のいたづら……朝鮮松山鏡……167
妙な鳥……是も落語に……170
燕の恩返し……變つた兄弟……173
貧乏の智惠……新簡易生活……176
横ちやく者……夫役のがれ……179
詩の禍……慢性作詩病……180
客を烟に……巻く法螺吹……182
女房がこわい……嚊天下競べ……184
眼の明く法……内地にある話……186
天氣豫報……富豪の花婿……187
態の穴に三年……朝鮮らしき話……189
天の盲……(落語)……192
能く似た俚諺……朝鮮と母國……196

家鴨の勘定……196　名門の姓氏……197
惡口……179　チエーバリー……168
パサキー……169　强盜の符牒……184

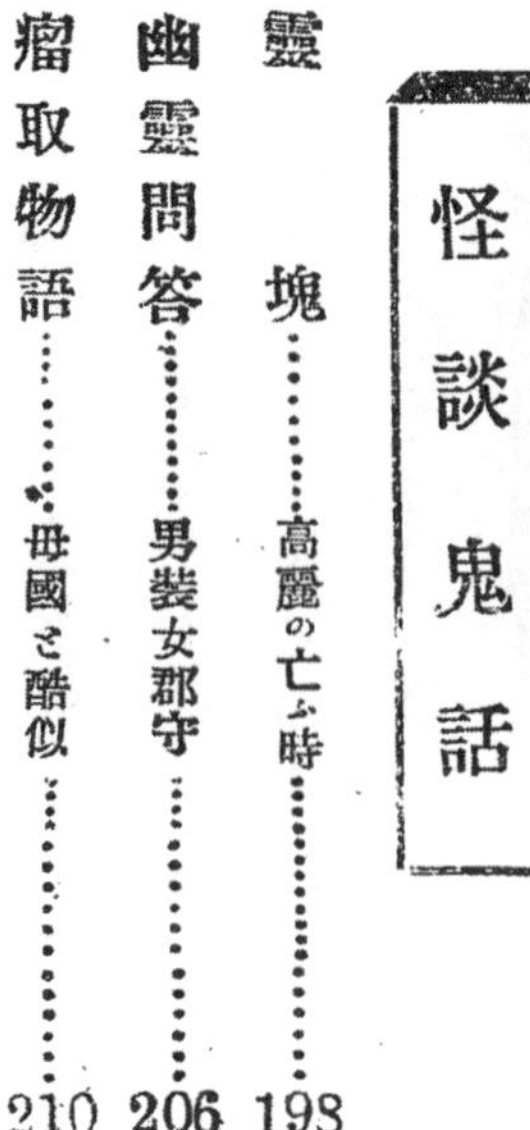

怪談鬼話

靈塊……高麗の亡ぶ時……198
幽靈問答……男裝女郡守……206
瘤取物語……母國さ酷似……210
金銀の棒……正直と慾張……213
鬼の寶……智惠の絲玉……215
朝鮮の妖怪……だいぶ樣變り……218

朝鮮奇談と傳說目次畢

卷頭言

發刊の次第

……是非とも一と通り聽て戴きたう存じます……

小生の朝鮮に參つたのは、明治三十六年で、まだ京釜鐵道もなく、僅に仁川と京城との間に汽車が通つてゐたのみでありましたが、其の翌年の二月には皆樣御承知の日露戰爭が始りまして、京釜鐵道の速成を見、引續き京義鐵道も、陸軍の手で開通しました。

小生は始め汽船で內地から仁川へ著し、其の儘仁川へ土著致しました。それから日露戰爭の始まると共に、我軍は破竹の勢ひで忽ち朝鮮にゐた露兵を驅攘して滿洲の奥深く前進しました。何しろ其の時（內地もさうでしたらうが朝鮮にゐる日本人の鼻息と云つたら今日から見れば殆ど常識では考へられぬ程、荒いもく、寧ろ其の虎が通り

二

越して亂暴に近かつたと小生は思ひました。さうして一方に於て仁川の朝鮮人間に於ける流行唄(うた)さして、こんなことを聽かされました。

其の大要を意譯すると『仁川(濟物浦)は誠に住み好い處であるが、倭奴(ワイノム)が跋扈するので誠に困る、あゝ往かう〳〵、京城へ往かう、汽車へ乘つて京城へ往かう』と云ふのでありました。斯う云ふと日本人が誰(だれ)でも彼(かれ)でも朝鮮人を非常に苛(い)ぢめた樣に當りますが、決して开うではなく、是には朝鮮人の方も惡い、現に日露戰爭前韓廷に於ける當路の大官中我國に對して甚だ言語道斷の振舞ひをした者もあつて、また其頃の日本人と朝鮮人との間には、幾多の深い〳〵溝があツたものですから、日本內地人と朝鮮人との折合ひは、表面は別として裏面は甚だ惡かつた樣に思はれます、朝鮮人間に於て內地人を敵視することは、新政十年後の今日まで、猶潛在してゐる樣に見受けられるのは甚だ遺憾千萬な次第であります。新政後內鮮人間の融合親和に關しては、夙に經世家爲政者の頭を惱ましつゝある所でありますが、どうも小生から云はすれば、今日まで事實に現はれたる共存同化政策なるものは、唯徒らに形式の末にのみ走つて、例令ば官民親睦會抔も大分各地に開催される様でありますが、單に中產階級以上の人達が月に一度位い會飲會食してそれで徹底した親和が出來る様なら、何も心配は要りませんが、迚も這んなことでは誰しも口にする內鮮人間の一致和合は到底望み難からうと思ひます。小生はもう些こし意義あり効案ある親和を求めるのは、誰も口に云ふ許りでなく各人各自に朝鮮に居住してゐる人が悉く眞の朝鮮を理解して、朝鮮人の氣にも成つて見る心掛けが出れば、其の時こそ眞の融和同化が實現するものではあるまい歟と思ひます。小生は渡鮮十有八年間、仁川上陸當時聽いた鮮人の悲歌が、深く腦底に刻まれてゐるので、何とかして朝鮮なるものを充分に理解して見たいと思つて、好んで先輩の說を聽き、又一方には朝鮮に在る色々の書を讀んで見た結果端なくも本書の材料を得た譯でありますが、小生は更に進んで此の同化方法硏究のため鮮人間に多くの友達を作つて見た處が、情ない哉、多くの朝鮮人諸君は、自國の歷史を知らず

三

四

中古以來の朝鮮爲政者が宗主國たる支那に媚びる爲め勝手に朝鮮史を變改揑造した事實を殆ど知らない者が相當の智識階級にすら多いのに至つては實にホト／＼呆れて了ひました。斯くありてこそ、同源の民族と知らず、鮮人諸君の口から所謂倭奴（ワイノム）なる言語が無造作に出るのも强（あな）がち無理ならざる事と思ひました。

併し乍ら是れに對しては、民間側でも、徹底的の朝鮮研究が早くから始まつて、京城日報社長加藤扶桑先生其他有志の發起に拘る同源會等が生れましたから、軈ては小生の熱望せる眞の內鮮人融和が追々實現されることゝ信じて、小生は深く之を喜んで居ります。

而して又之と同時に內地人の方々にもマダ／＼不分漢（ワカラズヤ）が澤山あつて、例令ば『神功皇后の三韓征伐』とか『加藤淸正の朝鮮征伐』だ抔と云つて平氣でゐる不心得者が多いのは甚だ慨嘆の至りに堪ねませぬ。殊に堂々たる新聞紙がマサカ雜報にソンな馬鹿氣た記事を書くことも有りまいが、どうかすると續き物の講談の中に、非常識な講釋師が喋舌る通り其の儘書いてある事を往々發見するのは愈々以て怪しからぬ譯であると思ひます。

何れにしても内鮮人とも雙方に其の歷史を知り合ひ、互びに打ち溶けて諒解する事を得たならば、其の時こそ眞の國民的同化が、爲政者を煩はさずして出來るのではあるまい歟と存じます。兎も角小生は此の際内鮮人各自揮つて古史の研究より、ひいて在來の神話傳說 奇またば俚諺俗謠の如きものを涉獵して、充分に朝鮮人の性狀を會得することは、同和融和の捷徑であらうと信じましたから、玆に柄にも無きことを企て、從來集めて意譯して置いた話材をここに刋行した次第であります。

たゞ行文晦澁にして文字の蕪雜なることは、偏へに小生が不學の致す所でありますから小生の希望する所は、どなたか能文達筆の御方得て、是を材題に立派な文藝上の作品を拵へ上げて戴きたいことであります。

史談神話

檀　君＝朝鮮上古史＝

……神話……紀年……學者の諸說……素盞嗚尊の御子五十猛尊……我宮中祭神の韓神……我[illegible]に於ける焚書

朝鮮の神話に付面白いことが澤山あるが、中に『東國通鑑外傳』に曰く。

東方初無君長、有神、降檀木下、國人立爲君、是爲檀君、國號朝鮮、初都平壤。

とあつて更に『三國遺事』によれば。

昔有桓因庶子桓雄、數意天下、父知子意、下視三危大伯、可以弘益人間、乃授天符印三箇、遣往理之、雄率徒三千、降太伯山頂神檀下、謂之神市、是謂神雄天皇也。

將風伯、雨師、雲師、而主穀、主命、主病、主刑、主善惡、凡人三百六十餘事、在世理化。

時有一熊一虎、同穴而居、常祈于神雄、願化爲人、時神遺靈艾一炷、蒜二十枚、日爾輩食之、不見日光百日、便得人形、熊虎得而食之、忌三七日、熊得女身、虎不能忌、而不得人身、熊女、無與爲婚、故每於檀樹下呪願有孕、假化而婚之、孕生子、號曰檀君王儉以唐堯即位五十年庚寅、都平壤、始稱朝鮮、又、移都於白嶽山阿斯達、又名方忽山、又名今彌達、御國、一千五百年、周武王即位己、卯封箕子於朝鮮、檀君、乃移御藏唐京、後還、隱於阿斯達、爲山神、壽一千九百八歲。

之を平ッたく云へば

前のは昔朝鮮には君長が無かつた、所が神樣が檀木の下に天降つたので國の者は其の神樣を立て丶王樣として頂き、國を朝鮮と號して平壤に都したとある。

後者は桓因の庶子が、父王から天符三個を授けられ三千の臣下を隨へて、そこから來たか判らないが、兎に角、大伯山頂、神檀の下に天降つて王位に即いた、之を神雄天皇と申す。その時、熊と虎がゐて、天皇樣に御願ひ申して人間に成らうと思つたが、虎の方はトウトウ行が出來ぬ爲め人間に成れず、熊が獨り人間になつて女身を得た。さうして其の人間に成つた熊が妃に成つて王子を産んで、其の王子の名を檀君と申すとある。

而して此の檀君の神話は、朝鮮史によると、平壤から都を白嶽山阿斯達（又の名を方忽山）に移し、國を御すること一千五百年、箕子の朝鮮へ封ぜらるゝに及んで、藏唐京に遷り、後ち再び阿斯達山に還つて、山神となり、其の壽一千九百八歲（或は一千四百歲）とある。それから殷の庶族箕子名は胥餘、姓は子といふものが支那周から來て檀君の王統を繼いだとある。此の箕子の子孫が八百七十八年も代々朝鮮の國王であつて、次に之も支那の燕から來た衞滿の爲めに、箕子朝鮮が沒落し、それを亦漢の武帝が攻略して、衞滿の孫右渠を滅し、其の地を分つて四郡となし、後ち合して二郡（玄菟、樂浪）となすとあるが、其の南鮮に新羅、滿洲に高句麗、又た京畿附近及び南鮮の

一部に百濟が起つて、之を三韓と稱し始めて此の三韓から朝鮮の歴史が出來たとある

所謂〃素盞嗚尊說

之に對して昔し母國の學者間には、檀君とは確かに素盞嗚尊であるとか又は其の御子五十猛尊の事であらうといふ說が主唱されて、伴蒿溪著『閑田耕筆』に曰く。

朝鮮初めの主を檀君といふ、之れ素盞嗚尊に在はします。云々

とあり、更に『檀』は『タキ』で五十猛尊の事であらうと云ふ說もある。此の五十猛尊說は『日韓上古史の裏面』著者西川權氏が熱心に主張する所である。

併し何れにしても朝鮮の傳說によれば、朝鮮と云ふ國は、檀君王統が一千何百年、それから箕子朝鮮が九百年近く續てゐると云ふのだから、之を母國の年代（學者の說は別として）に對照すると、漸く伊弉諾尊時代にしか當らないから、朝鮮の傳說は傳說として年代の點から考へると全然出鱈目の樣にも聞こへるが、そんな穿鑿立てはスカリ史家に委かずとしてコヽには單に神話の在りの儘を記述するに止めた。

又一説に此の檀君の神話は、僧一然の著はした『三國遺事』にあると云ふ事から、或は印度思想を飜案したものだらうとも傳へてゐる。さうすると例の木村鷹太郎氏の、天高原（あめのたかまがはら）＝波斯説もドウやら面白くなつてくる。

御子＝韓神と新羅神

『古事記に曰く『大年神……………………生子（ウメルミコ）、大國御魂神、次韓神、次曾富利神
次白日（シラヒ）（新羅）神』

我宮中祭祀の韓神

天智天皇二年、百濟亡滅と共に我宮中に祀られた神がある『大宗秘府略記＝伊勢神宮傳説』に曰く。

韓神（カラノカミ）トハ伊猛命ニテ、韓神、曾保利神ト稱ス

『内侍御神樂式』に曰く。

韓神之事（カラノカミノコト）ハ、素盞嗚ノ子（ミコ）也

この曾保利は百濟王都の名、泗沘（ソヒ）またの名は所夫里（ソホリ）から來たものだらうとの說もある。

我朝に於ける焚書

『神皇正統記』に曰く。

昔し日本は三韓と同種なりといふことなりしが、かの書を桓武の御世に燒きすてられしなり。云々

太白神人何處去。

山舊獨存錦繡色。

箕子＝千古の史疑

……嘘八百七十八年說……箕子の祖先しらべ……其の王都は滿洲……
……平壤の箕子廟は僞せ物……

箕子は檀君王統に代つて、朝鮮の王位に即いた人だと傳へられてゐる。而かも平壤に都すること八百七十八年とあるが、要するに、檀君といひ、箕子といひ、所謂神話であつて、未だに學者間には色々の說がある。白鳥文學博士、箭内亘氏調査の『漢代の朝鮮には、箕子の事に關して左の如き、痛快な說がある其の大要に曰く。

箕子の祖先しらべ

箕子を以て朝鮮の始祖となす傳說に對しては、大に疑ひ挾むべき餘地あり、凡に（中略）箕子を朝鮮國の始祖となすは、戰國時代に朝鮮半島（實は滿洲）據れる〇〇箕否の祖先が、自家の門閥を高めんが爲めに（中略）書經に見ゑたる箕子を借り來りて、其の系譜を裝飾する用に供せしなるべし……秦の始皇帝の時に朝鮮に君臨せし人を否と云ふ、而して否は易の卦の名なり。又否の子を準といふ。此の王の名は易の繋辭上傳に……易與天地準、故能彌天地之道……とあるに出でたるに非ざるなきか。又易の下經を見るに……六五、箕子之明夷、利貞……とあり、其の下象傳に……箕子之貞、明不可息……とあれば、朝鮮國の始祖といひ傳へたる箕子も亦易經に記されたる人物なり而して從來朝鮮國が周の初に殷の遺臣箕子の創設に係ると信ぜられしは（中略）何れも後世の人の編作に成り、先秦の文學には、絶ゐてさる事を記さず、且つ朝鮮の名の史籍に見ゐたるは、戰國末の書と知られたる『國語』を以て始めとす』云々

喜田文學博士曰く

喜田文學博士曰く。

朝鮮の始は支那で周の武王の時に、之が爲に滅ぼされた殷の王族箕子が遼東に逃がれて、周より朝鮮王に封ぜられた時であるといふ。即ち朝鮮の開基を支那古代

の賢者に歸するのである。併し乍ら此の事實は既に甚だ疑はしい。

成る程箕子は、支那では殷の三仁といつて、微子及び王子比干と共に甚だ崇敬された有德者であつた、所が比干は殺され、微は宋に封ぜられて中國の諸侯の一となり、箕子また武王から相當の敬意を拂はれたに拘はらず、獨り其の末路が不明なので、之を東國の君主に附會して賢人の終りを完からしめたのは、誠に都合の好い說であるが、而かも之を事實とすれば、餘りに材料が不足である（中略）次に普通朝鮮人の云ふ所では、箕子の朝鮮は、後に燕の人衞滿の爲に奪はれ、衞氏の朝鮮は漢の武帝の爲に奪はれて、眞番、臨屯、樂浪、玄都の四郡となつたとある。是は確かな事であらうが、是等は其の實何れも朝鮮半島の中部以北に限り、半島一般の關係したことではない。半島の南半は元と辰國の地で、後に馬韓、辨韓、辰韓の三韓に分れたといふ。馬韓は西にあつて五十四國、最も勢力があつて、他の二韓を統治してゐた。辰韓は東にあつて十二國、辨韓は南にあつて亦十二國に分れ、馬韓人を主と戴てゐた樣である。然るに後に、北方から侵略した扶餘人温祚の起した百濟の爲めに統一せられ、辰韓の地には新羅が盛んになりて、辰韓、弁韓の地をも併せ、半島の中部以北即ち元の朝鮮の地は、温祚の親朱蒙の起した高勾麗が之を統一して三國鼎立の有樣となつた云々

箕子の王都は滿洲

由來朝鮮の歷史は、政府の手に成りて、新羅統一後、支那を宗主國として崇拜したる關係上、其の歷史を滅茶〳〵に變改してしまつたのは、返す〴〵も惜しい事である此の箕子に關して、朝鮮史には王都を浿水江畔の平壤に置くとあるが、此の浿水は大同江でなく、其の實鴨綠江である、隨つて箕子の王都も滿洲であるから今の平壤にある箕子廟の如きは、全く何等の價値もないものになつた。尤も現在平壤にある箕子廟の出來たのはズッと近世の事で李朝肅宗七年（とあるから今より二百三十九年前）『冬十月、禮部奏、我國敎化禮義、自箕子始、而廟貌猶闕、在祀典、乞使求其墳塋、立祠、

一六

祭」とあつて、兎に角然るべき古墳を、求めて、それを箕子の墳塋として祭祀を行つたのである。何しろ箕子の亡後二千年以上も經つてゐるので別に證據も無いことだから、何人の古墳であつたか、之を尋ぬる由がない。而して箕子の故都が滿州であることは、今日學界で既に認められてゐるが西川權氏は『箕子朝鮮國の起點は遼西に非ざるべからず』と斷定してゐる。

白雪千載
空悠々
李　珥

檀君箕子
一荒丘
楊　道　寅

同源同種 ‖言文衣食住‖

……昔は婦女子か小船で日鮮間を往來す……神の子孫……言語文章の一致……
……昔は日本も白衣……家屋……姓氏……

物集文學博士曰く朝鮮民族と日本民族とは元同一民族であつた……一体朝鮮の地は元日本と地續きであつた……しかし地變の爲め今日の如く海峽を隔てゝ相對することゝなつたものらしい。壹岐、對馬その他澤山の群島があり、其の間を小舟で九州へ往來した事實や、垂仁天皇の頃までも、小舟で朝鮮の女が來たといふ事實もある。朝鮮人は日本人と等しく神の子孫であるが、地變の爲めに、一は半島に取殘されて朝鮮となり、一は日本として發達したのである……朝鮮文を見ると動詞が後にくる、例令ば、犬を打つ、茶を飲む、少しも日本語と異らぬ。之に反して、支那、印度、西洋の語は、他動詞が名詞の前にくるのである、言語、文章既に、然り、朝鮮の衣類と云へば、近頃こそ、色物や縞物を用ゆるが、つい先頃までは、白の無地にきまつてゐれ。然るに母國でも同樣に一千年前まで一般の者の衣類は木棉即ちユウで織つた布、之をタヘ(妙)といつて所謂る白妙である……

持統天皇御歌＝春過ぎて夏きにけらし白妙の衣ほすてふ天のかく山

縞物のできたのは今より漸く二百三四十年で、其の前は型附きで、白妙に遠山の景色抔の繪を書いたものを著用し、其の前は、白い布を土で染めたものを用ゐた……朝鮮人の冠り物は我が奈良朝時代のものと同じである……朝鮮人の家屋を見ると、京城その他に都會地は別として、地方へ行くと、多くは土で家の周圍を塗り、窓があり、家の軒が非常に低く首を曲げて入る程である。又た普通の家の建築は、掘立て柱で保つてゐる、之は文政の初年、秋田の土中から掘り出した舊日本の家屋建築法と寸分も違はぬ、日本人は之を伏屋(賤が伏せ屋)といふた……其の他神社や鳥居だの、調べれは調べるほと母國と同じ物を多く發見する……朝鮮人の姓名は、天智天皇以前は母國と同じであつた。即ち、王仁(ワニ)、日槍(ヒホコ)、姫許曾(コソ)等がソレである、此の類が日本紀を見ると澤山ある。それが支那化せられて、イツとはなしに、李とか金とか云ふ姓になつて、之れが初めは上流から段々下流に及ぼして今では全然支那式の姓になつてしまつたが、まだ田舎へ行くと昔の姓名が殘つてゐる　云々

朝鮮の大馬小馬　（用便のこと）

尾籠なお話だが朝鮮では、大便小便のことを、大馬小馬といふ『兩山墨談』に曰く『貴嬪の家便器は、丁度足の無い木馬の樣なもので、中を空虛にして、其の背に穴があつて、其の脊から用便をする爲めに之を『獸子』と云ふとある、而して之は無論支那から出た言葉である。

新　羅　=神話の解剖=

……幾度も卵生の君主……久米博士の新羅古史談……新羅始祖系譜しらべ……昔氏の祖と脱解……

朝鮮の歴史も、新羅、高勾麗、百濟の三國鼎立時代になると、其の以前の蒙昧混沌たる所謂る神話時代に較べると稍々其の輪廓が明瞭になつてくる、傳說によると。

幾度も卵生の君主

新羅には初め君主が無かつた、新羅六部落の者が集つて、會議の末、君主を立てゝ都を奠めることを決議した。その時偶々今の慶尚南道慶州郡慶州邑、楊山の下にある蘿井の傍で、大きな卵を發見して、之を割つたら、誠に神々しい立派な男の兒が出て色々な奇瑞があつたので、其の童兒を君主に戴いた。之を赫居世といふとある、之を『三國遺事』に面白く書いて曰く。

前漢地節元年壬子（崇神天皇二十九年）三月朔、六部祖（所謂新羅六村）各率子弟俱會於閼川岸上、議曰、我輩、上無君主、監理蒸民、民皆放逸、自從所欲、盍覓有德人、爲之君主、立邦設都乎、於是乘高、南望、楊山下、蘿井傍、尋檢之、有一紫卵、一云靑太卵、剖卵、得童男形儀端美、驚異之、浴於東泉、身生光彩、鳥獸率舞、天地振動、日月淸明、因名赫居世王、蓋鄕言也、或作弗矩內王、言光明理世也。

「三國史記」に曰く

（新羅本紀）始祖、姓朴氏、諱赫居世、前漢孝宣帝五鳳元年甲子四月丙辰（一曰、正月十五日）卽位、號居西干、時年十三、國徐那代、先是朝鮮遺民、分居山谷之間、爲六村（中略）高墟村長蘇伐公、望楊山麓蘿井傍林間、有馬跪而嘶、則往觀之、忽不見馬、只有大卵、剖之、有嬰兒出焉、則收而養之、及年十餘歲、岐嶷然夙成、六部人以其生神異、推尊之、至是立爲君、辰人謂瓠爲朴、以初太卵如瓠故、以朴爲姓。

とある。それから新羅第三王統の祖『金閼智』も卵から生れたと云ひ傳へられてゐる『三國遺事』に曰く。

(脫解尼師)九年八月四日(三國史記ニハ春三月)瓠公、夜行月城西里、見大光明於始林中、有紫雲、從天垂地、雲中有黃金櫃、掛於樹枝、光自櫃出、亦有白鷄、鳴樹下(中略)開櫃、有童男、臥而卽起、如赫居世之故事、故因其言、以閼智、名之(中略)王擇吉日冊太子。

「三國史記」に曰く

(前略)取瓠開之、有小男兒在其中、姿容奇偉、上(王)喜謂左右曰、此豈非天遺我以會胤乎、乃收養之、及長、聰明多智略、乃名閼智、以其出於金櫃、姓金氏、改始林名鷄林、因以爲國號。

尤も金閼智は『讓故婆娑、不卽王位』とあるが其の六世の孫味鄒尼師今が王位に卽い

た。斯う云ふ風で、能く新羅の王様は度び〳〵卵から產れる。之に對して久米文學博士曰く

久米博士の新羅古史談

新羅は斯盧とも、シラギとも云ひ、因て白國とも書す、即ち辰國なり。（中略）日本人と同種異族なる上に、日本の兼領地たりし…………（姓氏錄）に『新良貴、彥波瀲武鸕鷀草不合尊男、稻命命之後也』とあり『日本書記』に『稻氷命者爲妣國而入坐海原』とあり、高墟村長蘇伐が、船を以て、日本の吾田國に迎へたるなり、是を朴氏の祖（新羅王始祖）とす、三韓の往來は娜津にて監せるに、稻氷命は娜津を領せる豐玉彥の外孫なれば、此の事は必ずや海神國の計ひに出でしなるべし…………『新羅にては、稻氷命の朴氏赫居世殂して南解次々雄の世に移り、我が安寧天望の初めに南海殂して儒理尼師今立てり、朴氏三代は初を居世干（赫居世）といひ、次を次々雄といひ、次を尼師今といひて

三たび號を異にせり、父子續統なりや否やは疑ひあれど忍穗耳尊が天照大神の猶子となりて、其の統を繼ぎ給へる例もあれば、たとひ血統は父子ならずとも始祖稻氷命（赫居世）の系統を繼承せしには相違なかるべし、………昔氏の脫解尼師今の世に移れり、昔氏も亦倭人なり、新羅史に神話を記して『脫解、本多波那（但馬？）國所生所也。…………初其國王娶國王女、爲妻、有娠、………至辰韓阿珍浦…………取養之、及壯身長九尺』とあり、是を其の素姓とす、其後南解次々雄の婿となり、儒理の大輔として其の政を輔けしに、是に至り其禪を受け尼師今となれり、是を昔氏の祖とす。此の代に國號を雞林と稱し、倭人の瓠公を大輔となし倭國と好を修めたり…………但馬は上古より新羅の殖民地にして…………此の緣故を以て昔氏の太子を迎立てたるなり、稻氷命の朴氏に代ふるに、但馬昔君の昔氏を以てす、新羅王家の日本に於ける緣因は甚だ深しと謂ふべし、彼史に又脫解の代より百濟に向ひ境土を拓ひて、頻りに境を爭ひて攻戰したる事を記れども、皆安なり、此の時、新羅は、濊、貊、馬韓と接壤し、百濟はまだ胎まず、扶餘も遙に隔離したれば、かゝる事あるべきに非ず。云々

新羅始祖系譜（一説）

鸕鷀草葺不合尊の御子＝神武天皇（皇兄）稻氷命＝新羅始祖朴赫居世（朴は新羅の方言にて瓠＝瓢簞のこと）

新羅昔氏の祖と脫解

新羅昔氏の祖＝脫解のことに關して『帝國紀年私按』に曰く

脫解は國史に所謂る比多珂にして垂仁の朝に常世に使せる田道間守の弟ならん

故吉田東伍博士曰く。

脫解（脫一作吐）は筑紫多婆那國の人

昔氏の祖、脫尼師今

本多波那國（但馬？）所生也、其國在倭國東北一千里、初其國王娶女國王女爲妻、有娠……至辰韓阿珍浦……取養之及壯身九尺。

延烏と細烏 ＝迎日灣神話＝

……學者の色々な解釋……延烏細烏去て日月光りを失ふ……
……新羅の貴族が母國の貴族か…………

東海の濱に夫婦の者が住んでゐた。夫を延烏と云ひ、妻を細烏と云ふ、ある日延烏が海へ藻を採りに行て、巖の上に乘つたら、其の巖が動き出して日本へ延烏を負ふて行き、著いた所が土地の者から推されて王樣になつた。妻の細烏は、夫が歸つて來ないから、海濱へ出て、巖の上へ乘ると、其の巖が動き出して、之れも日本へ伴れて行かれて、夫に遇つて王妃になつた。是の時新羅では、日月の光りが無くなつて、常闇になつた。王に奏する者があつて曰く、之は日月の精が我國に降つてゐたのを、急に日本へ去つたので、斯くも世の中が急に暗くなつたのであると述べたので、王樣は早速使節を遣はして延烏と細烏を呼び戻しにやつた所た

之も新羅の神話である、曰く。

、延烏はドウしても新羅へ歸らぬ。さうして妻の細烏が織つた細絹を出して使節に渡して、之で天を祭つたら必ず明るくなると云つて渡したので、使節はソレを持つて、王廷で之を祭つた所が、日月が舊の如く光り輝いたので、其の祭祀を行つた所を迎日縣といふ（三國遺事）

此の神話に對して、久米博士は日本といふのは、日本の何處かの島嶼であらうと解釋し、又『日韓上古史』の著者は、母國から新羅に來てゐた貴族が何かの事故で突然引揚げたのであらうとの判斷を下してゐる。

朝鮮語に無い平凡な言葉

今はソンな事もないが、朝鮮の子供は、決して玩具を持つては遊ばないので、玩具といふ言葉が未だにない強ゐて云へば、カチゴ（持て）ノーヌン（遊ぶ）プルゴン（品物）とか又はフヒノーン（弄玩する）プルゴン（品物）と云へば云ふので尚ほダシ（味）さいふ言葉もない、それ故ダシと云ふ時は、ヤツ（味を）プチヌン（つけろ）ゴ（もの）といふのであるとは伊藤渓堂氏の談である。

高勾麗 ＝日の神の子孫＝

……日本扶餘同族說……北は吉林省の北端に及べる高勾麗大王國……
……潔癖……祭天……

箕子の傳說は、支那から渡來したと云ふのであるから、吾々日本人に取つては、さう面白くもないが、こゝに傳ふる高勾麗の神話に至ては、如何にも大和民族らしい色彩が、あり〱と窺はれる樣である。黑龍會編纂『亞細亞大觀』の一節に曰く。

日本人らしい色彩

扶餘族（高勾麗、百濟の祖）に就ては面白い話がある。或人は日本民族と扶餘族を同族だと論じてゐる。晉書四夷傳に『扶餘は潔癖なり』とあるが、潔癖は日本民族の先天的性質で、それから古扶餘即ち東扶餘の酋長解芙婁が我は日の神の子孫なりと稱して、部下の崇拜を得たことや、扶餘の解慕漱も亦『我は日の神の子孫なりと稱し、解芙婁を追出して、其の地を占有したことは、饒速日尊や、神武天皇の『日の神の子孫』といつた事及び人民が、日の神の子孫でなくては主と仰がなかつた點と能く似てゐる……朱蒙（慕漱の子）が長白山の中へ行つたら、日の神の子孫だと稱する松讓國があつて、朱蒙が之と武器を比べて、朱蒙も亦日の神の子孫であるといふことを松讓に納得させて、降參さした話は、神武天皇が、大和征伐の時、饒速日尊と天の羽々矢や天の徒靫を比べて、饒速日尊を降參させたのと同じである朱蒙は遂に吉林省、奉天省及び朝鮮の北部を併せて、高勾麗といふ大王國を建てたが、神武天皇も亦中國を平定して、大八洲瑞穂國を建てた……神話から歴史に入つた此等の話は頗ぶる扶餘と大和民族との關係を語つてゐる。特に素盞嗚尊が渡鮮したことは、我が歴史に殘つてゐるし、高勾麗の歴史にも牛頭天皇の名で殘つてゐる。京都の祇園祭ばかりではない、寒村僻地に至るまで、天王樣があつて晋書東夷傳の扶餘の條に『十月天を祭る』とある。此の十月は我國では神無月で、八百萬の神が出雲へ集つて……扶餘の十月祭天と出雲祭と能く符合してゐる、此等を見ても扶餘族と我が古代神話との關係は興味の深いものである』（槪要）

百　濟　―亡びるさき―

白狐の怪……怪魚……女の化け物……鬼……血の井戸……蝦蟇の怪……
天變地妖……鼠の怪……鬼と龜の早替り……末路の慘……

百濟建國の史話は、今更ら事珍らしく述べる必要もないから、茲には今より千二百數十年前、百濟が亡びたときの傳説を紹介して見よう。

（筆者曰く）百濟史に關しては他日稿を起して興味中心の『通俗百濟史』を編纂すべき豫定なり

總べて國の亡びる前には、何處の國も同一であるが、樣々の凶兆があるとして傳へられてゐる。

百濟亡國當時に於ける凶兆の皮切りは、義慈王十七年四月、大旱魃があつて、土地の色が眞赤になつたとある。それから同十九年二十年となると、大分怪談めいた事が續てゐる、曰く。

〔義慈王十九年二月〕　多數の狐が宮中へ這入つて、其の中の一頭の白狐が、大臣の机の上に坐はつてゐたのを發見した。

〔同、四月〕　太子宮の雌鷄が小雀と交尾した。

〔同、五月〕　錦江に長さ三丈もある魚が死んで浮いてゐた。

〔同、八月〕　錦江々岸の生草津に身の丈一丈八尺もある化け物の様な女の屍體が漂著した。

〔同、九月〕　宮中の槐の樹が人の泣き聲を發して鳴き、夜宮南路に鬼が出た。

〔同、二十年二月〕　王都の井戸の水が血の様に赤く濁り、西海の濱には小さな魚が澤山死んで浮いてゐたので、百姓が喜んで之を拾つて食べたが、幾ら食べても盡きなかつた。同時に錦江の水も血の様に赤く濁つた。

〔同、四月〕　蝦蟇が數萬匹、木の上へ昇り、扶餘の市民は何事もないのに俄かに騷が出して、街上に駈け出す者が多く、爲に死傷者が多數あつて、死者のみでも百餘人に及んだ、又さうかと思ふと市民の財物が、自然に紛失する様な奇怪な事があつた。

〔同、五月〕　大暴風雨で、天王寺と道讓寺の塔や白石寺の講堂が震動し、東西に龍の形をした二團の黒雲が起つて天空で相鬪つた。

〔同、六月〕　王興寺に大水が押し寄せて、楫を付けた船が門内に這入つて來た。大きい鹿の樣な犬が錦江の河岸で悲しさうに吠ゑて何處かへ行つてしまつた。さうすると扶餘市中に犬が多數に集つて一齊に吠ゑ出しサも亡國の迫つたことを告ぐる樣であつた。それから鬼が宮中へ這入つて、大聲に『百濟亡ぶ〱』と云つた、そこで王が此の事を聽き早速鬼の跡を追掛けさせた所が、鬼は地の中へ潜ぐり込んでしまつた。愈怪しいとあつて、地の中を掘り下げると三尺許りの所に、一匹の龜がゐた。其の背を見ると『百濟は月輪の如く、新羅は月新の如し』といふ文字が現はれてゐた。丁度百濟が新羅の爲に亡ばされる前であつたが、王は之を巫子に占はせた所が、どうも之は縁喜が好くない、百濟が月輪の如しとあるは、滿月の意味で滿つれば虧くる倣ひ、之に對して、新羅が月新の如しとあるは、是から新羅が新月の如く次第に大きくなるのであらうと云ふ事を奏上したので王は怒つて其の巫子を殺した。所が此の時まだ月輪とは盛んなる意で、月新とは微かなる義であらうと云つて奏上した者があつたので、王は大に喜んだ。

しかし此の義慈王は百濟三十一世の王で、王の庶子が四十一人もあつたと云ふ位であるから、大抵其の荒淫逸樂に耽つた度會が推し測られる。果して巫子の言が讖をなして、我が齊明天皇六年に、支那（唐）新羅の連合軍に亡ぼされ、王及び王子其他大官以下百姓に至るまで其の數一萬二千人も一時に俘虜になつて、此のとき王は散々に辱められた上支那の王都長安に送られる途中遂に殂落したとある。

李　如　松　＝飜弄せらる＝

……平壤滯陣中の出來事……不思議な翁……神か人か……

文錄役に支那から朝鮮へ兵を率ゐて來た例の李如松が、所謂る大國(テイクツク)の總大將と云ふので兎角倨傲尊大に構えて、我が儘の仕度い放題をしたものであると見えて、李如松が、一老人から飜弄されたといふ逸話がある。それは斯うである。

李如松が或る日部下を集めて大同江畔の練光亭で、江畔の沙場(さぜう)に酒宴を催してゐると、其の前を銀髯白髪の一老人が、黒い牛に乘つて平氣でノコノコ通つて行く。之を見た支那軍の將校は、其の非禮を詰責するつもりで叱りつけた所が、翁は、聞えぬ振りをして、尚も平氣で通り越さうとした。支那の將校は怒りて之を捕へようとし、馬に乘つて追ひかけた所が、其の牛の足はチットも早くはないが、どうも馬が其の牛に追ひ付くことが出來ない。之を見た李如松は嚇と怒りて『人もなげなる振舞ひをなす老耄(おひぼ)れ奴、イデ此上は何程の事かあらん、自身之を引つ捕ふべし』とあつて、駿足の馬に跨り、之を追跡したが、之も亦矢張り、牛は普通に悠々と歩く様だが、馬がイクラ駈けても追ひ付かぬ。　李如松もツイ夢中になつて、　約そ十町も追跡したと思ふと、其の牛に乘つた翁は、憎くらしい程平氣で、すた〳〵と、ある山村の部落に入り悠然として人もなげに牛を其の邊に繫いで、とある茅屋に入つた。李如相も些こし薄つ氣味が惡くなつたが、こゝいらで一番脅どかしてやらうと思つて。家の外から怒鳴りつけると、中から前の翁が出て來て、丁寧に會釋をなして『實は愚老は將軍を謀つて、こゝまで御迎ね申しました』と云つた。李如松は既に機先を制せられたのみならず、怒りに委かせて獨り斯んな見ず知らずの山の中へ這入て來たので、たゞ呀つ氣に取られて呆然としてゐると、翁は『將軍をコゝへお迎ね申したのは』實は愚老に二人の倅があつて、二人とも揃ひも揃つて生業を嫌ひ、時々强盜などさへ働く事があるので、愚老もホト〳〵持て餘して居ります、就ては將軍の勢威を以て、どうか此の二人の不肖兒に充分御訓戒を加へて頂きたい』と云つた、李如松は殆んど烟に捲かれて』其の伜といふのはドゴに居るか』と聽くと『裏の草堂に居ります』と答へた、李如松は『よし』と許り威丈け高になり、長劍を按じて、草堂へ行くと、其の惡い伜と云ふのが、二人とも熱心に編を讀んでゐた。李如松は前後の考へもなく、翁の言を信じて『其の方どもは實に不埒な奴である、此の後ち改悛せざれば斬てしまうぞ』と脅ごかすと、其の伜が兩人ともカラ〳〵と大笑して『斬れるなら斬つて見ろ』と冷罵した。李如松も、刀の手前マサカ拔きかけた刄を鞘へ納める譯にも行かないから、すらりと何の思慮もなく長劍を引き拔いたが、いくら何んでも相手は少年の事だから、驚くだらうと思ひきや、兄弟とも更に動ずる色なく、やがて弟の方が有り合はた竹の棒を取るより早く李如松の長劍を拂つたかと思ふと脆くも刀が二つに折れてしまつた。

　そこへ翁が駈けつけて伜二人を叱りつけ『何で貴樣達は高貴の御方に無禮を働くか』と云つて其の場を去らしめ、さて云ふ樣『重々の虛言は、何卒お宥るしめされ、と申すは、是には譯のある次第、先づ一と通り御聽き取り下され』とて、李如松軍が小西軍を破りて以來、氣驕りて朝鮮人に對し人もなげなる振舞ひある事を諫め、實は吾兒の强盜を働く抔とは、眞赤な僞りにて、全く將軍を諫めんが爲めに書きたる一場の狂言に過ぎざる事を述べ、何も支那の兵士許りが强いのでなく朝鮮にも人材を求むれば幾らでもあること、例令ば吾兒の如く、一人にて能く十人に適し得る者も尠なからずとて、翁は面を冒して極力李如松軍將士が李如松を初めとして朝鮮人に對し、常に人もなげなる擧動(ふるまひ)を爲すこと諫めたので、流石傲慢な李如松も、返す言葉もなく、顏をそむけて、暫らく考へてゐたが、痛く感に打たれたものと見ゑて、折れた刀を拾つて、翁の家を辭し消然として平壤の軍營に歸つたといふ。

善政郡守＝巧みなウソ＝

……濟島牧使の奇智……一擧兩得……種々仕掛は特產物……

濟州島の牧使（長官）が職を辭して京城に來たと聞き、或る武人が人に向つて『自分が若し濟州の牧使になつたら、天下無二の善政を布いて、其の代り是迄に見ざる大金儲けをして見せる、と云つた。是れが時の國王に聽えたので、國王が其の武人を引見して、親しく問ひ訊されると、武人は包み隱さず『其の通り申しました』と奏答したので、王は何か見る所ありてか『汝果して其の言の如くせば、望み通りに濟州の牧使に任すべきも、若し違はゞ誅戮を加ふべし』と仰せられた。其の武人は仰せを畏みて、濟州牧使に任ぜられたが、行く時密かに期する所があつたと見えて、枸子(くらなし)と麥粉の惡いのを澤山買つて赴任した。

着任すると、其の言に違はず、訟訴を聽くのも至極公平で、極力善政を布き、さうして平素の行ひも極めて謹嚴である、酒の如きは一滴も口にせず、朝晩二度の食事も至つて粗末な物を食してゐた。

サアさそなると、官民は非常に喜んで、今度の牧使の如きは未だ嘗てなき人であると等しく推奬し、島民は非常に其の德に懷づいた。

ところが、どうしたものか、一年許り經つと、俄かに牧使が病と稱して、飯も食はず、室を眞つ暗にして唸り初めた。何しろ今まで慈父の樣に思つてゐた長官が、急に重息に罹つたと聞き、左右の官吏は愚か島民の重なる者も大に驚いて、醫藥を取ることを勸めたが、牧使は首を横に振り、此の病氣は自分で判つてゐるから、醫者を招いても無益であると云つて、どうしても肯んじない。仍て其の病氣は何と云ふ病ひであるかを訊いた處が、牧使曰く『自分は固疾の丹毒があつて、それを治すのには牛黄でなければドウしても治らぬ、併し其の牛黃が迚も少こし許りでは足りないと云ふのは、牛黃を固めて餅を作つて、ソレを身体中一面に包むのであるが、それとて一度では治らず、十日も同じ事を繰り返へさなければならぬ』と云つた。ところが牛黃は京城でこそ高價であるが、濟州島は牛黃の名産地であるから、例令何百何千斤の牛黃でも之を求め樣とすれば何の苦もなく至極僅少な金で間に合ふのである。

島民は牧使の病にドンな高價な藥が入ると思ひきや、島内に幾らでも産する牛黃で事が足りると聞き傳へたので、島民は殆んど申し合せたる如く、先きを爭ふて牛黃を牧使の許に納めた

牧使は我が計當れりと許りに打ち喜び、初めの程は、先に赴任したとき、携之て來た椈子（くらなし）を水に解き麥粉に混ぜて牛黃の如きものを密かに人を遠ふけて自室で拵へ上げ、獨りで体に、なすつてゐて、又た眞正の牛黃はを秘密に隱して置いたが、猶も豫防線を張つて、丹毒と云ふ病氣は直ぐ人に傳染するから決して、此の室に近づいてはな

らぬと誡めた。

何分今まで人に噓をつく樣な人でないと信じ切つてゐた官民は、只管其の牛黄の効能の一日も早く利く事を心に念じてゐた。牧使は思ふ存分牛黄を取り上げて、之を、自室で巧みに梱つて衣類其他の手廻りの荷物の如く裝ひ、時分は好しとて、病氣全快の旨を披露に及んだので、官民は等しく蘇生の思ひをして喜び、それにつけても、斯かる善政を布きたる長官は未だ嘗て此地に於見ざる所なれば、頌德碑を建て樣と云つて、こゝに立派に牧使の善德不忘碑が出來上つた。

かくて牧使は猶も善政を續けて任期充ち愈々京城へ歸る事になつた時、先きに隱くして置いた多くの牛黄を京城へ持ち歸り、之を市に賣つて大金を儲けたといふ事である。

天下一の美人 =王女を妻に=

……李如松附通譯の話……偶然の戯言から……

是は李如松に附てゐた朝鮮人通譯生の話である。金某といふ二十歳になる朝鮮人の美少年があつた。李如松は平壤滯陣中金を左右に侍しつけて、非常に寵愛して金の云ふことは如何なる事でも用ゐないことはなかつた。李如松が碧蹄館に敗衂して以來、兎角方々に寄り散らして、殊に國境に引揚ぐる際、何か糧食補給上の事から遼東都統を大に責めて、將に其の都統の罪を軍法會議に問はんとした。所が遼東都統には三人の子があつて、二人は相應の高官で、末の子は神異の僧として、時の支那皇帝も之を待つに神師を以てしてゐた位であつた。之を聞た三兒は大に驚き、倶に遼東に來て善後の策を樹てたが、其の末子神僧の云ふのには、李將軍には慥か吾が子の如く寵愛してゐる朝鮮人の通譯生がある筈である。それを介して父の罪を宥るして貰つたら、必らず聽許して呉れるに違ひないと云つた。二人の兄も其の言に隨ひ、三人揃つて先づ金通譯生を訪ふて『此の際何卒貴下の助言に依つて我が父の罪を赦して貰ふ樣に取計らはれたし』と賴んだ所が、金通譯生も大に之に同情して『兎も角一應將軍に伺つて見ませう』と云つて李如松の前に出て事の次第を話した。李如松は暫く考へてゐたが『どうも今迄私の願ひを以て公けの罪を免るした事はないが、何分神師まで來て哀願するのだから、今度に限りて赦免してやる』と稱し、外ならぬ金通譯生が願ひ出たものだから、遂に遼東都統の罪を問はぬ事にした。

三人の兄弟は大に喜んで、此の御鴻恩は何にも譬へ難ければ、如何なる儀にても身に叶ふ事なれば仰せ付けられたしと金通譯生に云つた。金通譯生は、別に何の望みもないと云つた所が、三人の兄弟は、此の御禮の印として、貴下を支那の大臣に任官される樣に御周旋申すも苦るしからじと云つた。が併し金通譯生は、之を遮つて、迚も分外の出世を望む身に非ざれば平に之を辭退する旨を告げたなれど三人の兄弟は是非何か望んで頂きたいと執拗く云つたので、金通譯生は其の場の間に合はせに『然らば御

四四

言葉に甘へて、天下一の貴き美人を見る事が出來たら、此身に取つて望外の幸せであります』と云つたので三人は互ひに顔を見合はせて暫し呆然としてゐたが、流石に其の中で神僧は深く考へて何事か心に決したるものゝ如く、一諾の下に之を引受けて引き取つた。

あさて李如松は金通譯生から兄弟三人との問答を聽き益々金生を褒め『そなたは小さな國に產れたが、實に云ふ事は大きなものである』と感服して、其の後も益々金生を愛して遂に支那の王都へ召し伴れて行つた。

三人は金通譯生の言に對して其の後如何に相談を凝らしたものか、雲南の王女に絶世の美人ありと聞き、非常なる苦心慘憺の結果、どう說き付けたものか王の承諾を得て、金生の妻に其の王女を貰ふ事に取りきめてあつた。

金の都に入つた事を聞いて三人の兄弟は、金を迎ねて、其の王女を引合はした所が金も一時の戯言と思つたのに、こんな大層な事になつたでの殆んど驚いてしまつたがしかし金も李如松に愛せらるゝ程の悧好者だから、釣り合はぬは不緣の元たと思つたので『わたくしは、彼の折り、天下一のしき美人を見たいと申し上げた事はありましたが、嫁に貰ひたいとは申し上げませんでした』と云つて、之を謝絶したが、三人から遂に說き付けられて其の王女を妻とする事になつた。

しかし金も故鄕慕はしさに、王女の妻を燕京に殘して一度朝鮮に歸り、翌年國使の支那へ來るとき通譯として再び燕京に來て、戀しき妻と、牽牛織女の如き逢ふ瀨を遂げ、王女の妻との間には幾人かの男の兒も出來て、金通譯生の後裔が永く燕京で昌へたとは目出度しく。

無言の問答 ＝日本の落語＝

……日本落語の蒟蒻問答に能く似た話……買ひ被ぶつた支那國使……

母國の落語に『蒟蒻問答』といふ話がある、朝鮮の話ばかり續いだから其の荒ら筋をこゝに紹介して、更に朝鮮にも之に能く似た話があると云ふ事を申し上げよう。

日本落語の蒟蒻問答梗概

無學な寺の住持が、問答に來た雲水の僧の爲めに、迚も叶はぬと思つて夜逃げをしやうとした所へ、こんにやく屋の八兵衞が來て、代理に無言の問答をした所が、先方が負けて逃げ出したといふ筋……初めに雲水の僧は、八兵衞が默つてゐるものだから扨ては三荒行の中無言の行に就て居る事と心得に畏敬して、指で圓どかなるものを作り『大和尚の御胸中は』と聽くと、八兵衞は何と思つたか、兩手を擴げたので、僧は『大海の如し』との御箇へであると思つたから、更に僧は兩の手を出して『十方世界は』と問へば、八兵衞は今度片手を出したので、さらば『五戒を保つ』といふ御答へであらうと思つたから、今度は指を三本出して『三尊の彌陀は』と問へば、八兵衞はアカンベイをしたので、僧は愈々恐れ入り、これは必定『眼の下を見よ』との仰せならんと考へたので、迚も叶はぬと思つて逃げ出したが、八兵衛の方ではソンな考へで答へたのではない、曰く『あの坊主、おれの商賣を知つてやがッて、指で輪を拵らへて、てめへの所の蒟蒻はコレソ許りだらうと吐かすから、おれは大手を擴げて、こんなに大きいと云つた、すると坊主は又十丁で何程だと聞くから、片手を出して五錢だと云つたら、坊主は今度指を三本出して、三錢に負けろと云ふたから、アカンベイをしたら、とう〳〵向ふが降參したのだ』と云ふのが日本落語の『蒟蒻問答』の骨ねである。ところが朝鮮にも古くから是れと略ぼ等しい話が傳はつてゐる、曰く。

支那の國使と偉丈夫の問答

支那の國使が朝鮮へ來て、平壤の路傍で、身の長け九尺もある髯の腹の邊まで垂れた一偉丈夫を見たので、國使は言語が通じないから、手眞似で其の偉丈夫と問答をした。國使は最初に天を指さした所が、其の男が指で環を造つたので、國使は心中に扨ては『天は如何』と云へるに對して『圓なり』と答へたのであらうと思つたから、今度は指を三本出して『天地人三才』と問へば、男はすぐ五本の指を出したので、扨てく〳〵案に違はず身装こそ卑しいが、必らず由ある者であらうと感じたのは、五本の指を『五常』と解したからである、更に國使は袖を示して『衣を垂れて天下を治むる』といふ故事を問ふた所が、今度其の男は口を指さしたので、國使はつく〴〵感に入り、是れ必定『口舌を以て天下を治む』ると云ふ意にして、恐らく此の偉丈夫は世に慨して韜晦せる隱士ならんと思つたので、朝鮮の王都へ着いて後ち此の事を話した所が、兎に角それは不出世の偉材に違ひないとあつて、平壤の方へ移牒して取調べさせた所ろが、漸く其の男を見付け出したので、訊して見ると、甚だ滑稽千萬の事であつた。ソレは國使が天を指したから多分天にあるものは何だと聞くのだと思つたから、丸い太陽あると云つて指で環を造つた、それから向ふが三本指を出すから、多分錢でも呉れるのだらう思つたから、三本では勘くないと云つて五本出した、更に袖を上げて著物が欲しいかと聞く様だから、著物どころではない、飯が食ひたいと云つて、口を指さしたと判つたので、滿廷の大笑ひとなつたといふ。

明判決　＝朝鮮大岡さばき＝

……恩を仇の牛商人………まるで大岡政談にでもありさうな話………

燒き直したら、大岡政談にでもなりさらな話（世に傳ふる大岡政談中には事實大岡越州の取扱はざりし事多く一時講談界の米櫃と云はれたる大岡越前守樣もドウやら近頃では箔が剝けたと聞く）

朝鮮の山寺では、昔多く副業を營んで米鹽の資に充てたものである。忠淸北道兩郡の山寺で、葛の蔓で履を拵へることを副業にしてゐる僧があつた。ある日製造した履を持て、淸州の市に出て之を二兩に賣つたので其の金を裸のまゝ衣嚢へ入れて寺へ歸らうと思つて行くと、途に網の袋が落ちてゐた、中を改めると二十兩の金が紙に包んで這入つてゐたので、其の僧侶は、誰が遺失したもか、定めし此の持主は今頃探してゐるだらうと思つて、幸ひ清州に懇意な飯屋があるのでそこへ立寄り主に其の譯を話して、且つ自分の持つてゐた二兩の金も、何の氣なしに其の袋の中へ入れて主人に預け、僧侶は清州の市中に落し主を探しに出た。處が遂に此の金は牛を商ふ者が落したといふ事が判つた。

そこで其の落し主に遇つて、あなたは幾ら落したと聞くと、二十両遺失したと答へ、其の入れ物はと問へば、麻の袋で其の中へ紙に包んで置いたと云ふので、愈々其の男が落したのに違ひないと思ひ、『さらば愚僧が之を拾ひて、懇意な飯屋に預けて置きたれば、受取りに來られよ』と云つて、其の牛商人と同道して飯屋に行き、僧は先刻預けたる袋の中から、自分の金の二両を取つて、牛商人に渡すと、此の牛商人が中々の悪い奴で、僧が二両の金を袋から取り出したのを見て、其の金も自分の所持金だと云ひだした。僧は驚て最前貴下の遺失した金は二十両だと云つたではないかと云ふと牛商人は、あの時あわてゝゐたから端たの二兩は云ふのを忘れたのだといふ、僧はソレでも之は確かに愚僧が、履を賣つて得た二兩であると云つたが、其の牛商人は飽く迄圖太い奴で、あべこべに、僧に向つて『云ひ間違へたのを楯に取つて二兩盗まうとする太い坊主だ』と云ひ出し、戸外は此の爭論の爲に黒山の樣な人集りがする。どうしても水掛け論で果てしが付かないので、とう〳〵之を役所に訴へ出でた。役所では裁判をする役人が、原被兩方の陳述を默つて聽取してゐたが、流石に馴れたものでモウ役人の頭には牛商人が惡いと云ふことが判つた。

そこで嚴ごそかに宣告を下だして云ふ樣『本官の見る所では、どうも、牛商人の遺失した袋は、他の者が之を拾得したのであらう、世間には同じ袋がイクラもある、牛商人は二十二兩入れた袋を落したのだから、僧侶の拾つ二十兩入の袋とは全然其の持主が違ふと認むるの外はない、それ故僧の拾つた二十兩入りの嚢は僧に一時下げ渡すから、是より再び其の持ち主を探すが好からう』と云つて其の嚢を僧に下げ渡した牛商人は早くも役人が自分の惡心を見抜いた事を案したので役所の門を出ると、俄かに仕舞ひ込んでしまつた。僧は見るに見兼ねて、色々説き諭して其の二十兩を牛商人に返してやつたといふ。

樂書の名筆 =日本に似た話=

……富豪の大事にしてゐた屏風へ一氣呵成に……支那の詩人書伯も舌を捲く……

此の話も母國に似寄りの逸話がある……奉天の或る富豪（支那人）が萬金を投じて、美事な屏風を造つた。其の屏風には名畫伯の筆で、紅と碧色の桃及び其の二つの桃の間に鶺鴒を描かせて珍重してゐたが、之に對して、天下に聞ゆる文章家と書家に乞ふて、書讃を賴まうと思ひ色々物色した結果、蜀中に當代一と稱せらるゝ大文章家と書伯のある事を聞き、態々遠い蜀まで使を出して、其の兩名士を招聘することにした。さうしてソコの主人は自慢で誰にでも其の屏風を見せてゐた。

こゝに其の時偶々朝鮮から奉天へ行つてゐた、文章家の車五山と書家の韓石峰といふもがあつて、其の屛風を見せて貰つた所が、此の二人は何うかして、五山が書讃を作つて之を石峯の名筆で書いて見たくて溜らなかつた。幸ひ邊りに人も居ず、見れば、大きな硯と筆とがある。ま、よと許りに、五山は

一様桃花色不レ同。難下將此意問東風。
其間幸有能言鳥。爲報深紅映淺紅。

と賦して、石峯は一氣呵成に此の一詩を書した。見れば、二人とも偶然ではあるが、自分乍ら惚れ〳〵する様な出來だと思つたが、永居は無用とあつて、二人はそこ〳〵に其の家を辭して支那の都に向つた。

其の家では跡で之を發見して家中の大騒ぎになつた、併し二人の朝鮮人は何處へ行つたか判らぬといふ。さう斯うする中に蜀から呼び迎へた兩名士が著した。主人は只もう此の二人に申し譯なしと許りに事實有りの儘を語つた處が、此の兩名士は、兎に角どんなものを書いたのかと思つて、其の屛風を見ると、案外にも美事な書讃であつ

たので、つく〲感じ入り俄かに其の屛風に禮拜して曰ふのには『こは實に得難き書讃である、迚も吾々如きの及ぶ所でない』と云つたので、主人も意外に思つて、段々其の朝鮮人の性を素尋ねた所が、車五山といふ文章家と韓石峰といふ書家の手に成つた事が判つたので、厚く幣帛を贈つて謝したといふ。

是より五山と石峯の名が支那にまで響いたとのこと。

噓の達人 〃噓つき競べ〃

……とう〲罠(ワナ)にかけて獵官運動に成功した男……

ある名門家の所へ、毎日獵官運動に來る者が多くつて困るので、其の名門家は一計を案出し、是から如何なる事があつても獵官運動には耳を借さぬ事にしたが、只一つ自分を、うまき欺く了せた者に封しては官職の周旋をしてやらうと云つた、

そこで獵官連は吾れぞ巧妙な噓をついて欺ましたる楊句官職を得んと、其の後は毎

日色々な者が嘘をつきに來るが、どうそしてても其の名門家を欺き了せる者がなかつたこゝに一人の男があつて、陰暦十一月一日に其の名門家を尋ねて云ふのには『私が一昨日親友の宴會に招かれました所が、山海の珍味が數多く出た中に、鐘路の大鐘ほどある採つた許りの櫻桃の實が盆に盛らたて出ました』と云つたので、其の名門家は皆まで云はせず『此の嘘つき奴が………俺を欺まさうと思つても其の手は喰はぬ、どうして釣鐘ほどもある櫻桃があるか』といへば其の男『實はソンなに大きくはありませんでしたが、酒德利程は確かにありました』『ここな又白痴が、酒德利ほどもある櫻桃があるか』『さらば茶碗大』『まだ大き過ぎる』『それでは栗………』『まだ大きい』『左樣ならば棗の實ほど………』と云へば、其の名門家も初めて首肯き『その位の櫻桃のあつたのは嘘ではなからう』と云つたので『閣下、美事に閣下を御欺し申しました、といふになせ、と聞けば『今は十一月だのに採つた許りの櫻桃がどうしてあります』

地雷火 ＝支那の名將＝

……朝鮮使節の土産ばなし……賊軍を鏖殺す……酒を贈つて賊將を稿ふ……

之れは朝鮮の使節が支那（明末）に行つたときの土産話である。

都督袁崇煥が山海關を守備してゐたとき、朝鮮の使節がソコを通りかゝつたので、袁都督に敬意を表すべく訪問すると、都督は使節を相手に酒を飲み乍ら碁を打ち始めた、一席二席と打つて行く内に突然副官が、慌だしく馳けて來て、只今賊が十萬の兵（原文のまゝ）を率ゐて、此の城塞に攻め寄せてモウ三里近くまで參りました、と報告したが、都督は、聞ねたのか聞ねないのか、一向平氣で『うん好し〳〵』と云つて、平氣で碁を圍むので、朝鮮の使節は氣が氣でなく、都督に曰く『閣下、大敵が攻め寄せたと申すことでありますが、迚も碁どころではありますまい』といふと、都督は一向平氣で意に介せず、頻りに碁を闘はすことに夢中になつてゐる』やがて又た副官か來て『賊兵は既に二里の地点に迫りました、と云つたが、都督は相變らず平然とし烏鷺に親んでゐる。猶も副官が三たび來て『賊は既に一里の地点まで來襲しました』と云ふと、都督は始めて手を止めて、悠然として物見臺に上ぼつた、朝鮮の使節も尾いて行くと、城塞の兵は高々三千内外であるのに、賊兵は雲霞の如く押し寄せて來て、見渡す限りの平野に蟻の如く集つてゐる。都督は之を見て一將校に何が耳打ちをして、もう降りようと云ひ出したので、使節は氣が氣でなく、たづ〴〵と其の跡へ尾いて行くと、今度は碁をやめて酒を飲まうといふ。使節は只呆つ氣にとられてゐると、城内から砲聲が一發轟くと共に、忽ち城外より程遠からぬ所で、地雷火が破裂したので、都督は手にした酒盃を措て、物見臺に上つて見た。使節も跡からついて行くと、城外約千米突の地点に於て、賊兵の死屍か累々として山をなしてゐる。さうして賊の大將が馬で逃げて行くのを認めたので、都督は副官に命じて、一甕の酒を賊に贈らせて傳言する樣『虜軍の武軍拙くして十年養ふ所の兵が、一朝にして灰燼となりたるは、誠に氣の毒なことである、吾れ薄酒を勸む、幸ひに之を飲んで慰められよ』と……是等の話は如何にも支那式の豪傑氣質を發揮してゐる。

牛の教訓 ＝畜類と密談＝

……賢宰相の若かりしとき……老農夫より一本參る……

名宰相と云はれた、黄翼成が、若い時に、田舍道を步いて來ると、老人の農夫が、赤い牛と黑い牛とを使つて、田を耕やしてゐる、黄翼は何の氣なしに「オイ、おやぢ、其の黑い牛と赤とはドッチが役に立つか」と聞くと、農夫は默つてゐたが、遠くの方へ黄翼成を伴れていつて耳こすりをして「赤い牛の方が役に立ちます」と云つたから、黄翼成は笑つて「牛に聞へない樣に内證咄しをするのは可笑しいではないか」といふと、老農夫は首を振つて「いゝやサウではない、畜類と雖も人の言葉は判る、若し大きな聲で云へば、惡く云はれた方の牛が不平を起すのは、人間も同じ事である」黄は此の一言に感服して、出世した後ちも此の方針で人を御したので、賢宰相の名が揚つたといふ。

誰の云ふ事も尤も

黄翼成といふ宰相（前項、牛の敎訓の項参照）があつたが、小事に毫も拘泥しない、ある日下婢二人が争つて、一人は黄宰相の前へ出て相手の下婢を譏つた、自分の理屈が正當であることを述べた所が、宰相は『それは、お前の方が尤もだ』と云つた。次に相手の下婢が又宰相に同じ様な事を云ふ、宰相は『それは、お前の方が尤もだ』と云ふ。物蔭で聞てゐた人が宰相の傍へ行つて『あなたは両方の下婢に尤もだと仰せられましたが、一体どつちの云ふ事が尤もなのですか』相曰く『それは、お前の云ふ事が尤もだ』

今屈原＝頓智の褒美＝

……いたづら者……住持を寒中欺いて池に突き落とす……當意即妙……

高麗の將士郎に永泰といふものがあつた。瓢逸な質で年中滑稽なことを許り爲てゐた冬の寒い盛りの時であつた。龍淵といふ池の邊りで、そこの寺の僧が蛇を一尾拾つて、何んでも此の蛇は池の主の龍の眷族であらうといふので、大事にして、飼つてゐた。之を聞いた永泰は、坊主を一つ欺ましてやらうと思ひ、顏をスッカリ龍の樣に彩どつて、夕方薄暗くなつた頃其の寺へ行き、住持の居間の下の窓で『禪師、禪師』と呼んだ。住持は呼ばれて何の氣なしに窓を明けて見ると、驚いたのは、窓の下に龍神が立つてゐるから、膽を潰ぶしゐると、永泰は、落ち付き拂つて『禪師、驚く勿れ、吾れは大昔より龍淵に住む龍神である。禪師先頃吾が子息を池の畔りに得て、之を愛護し居ると聞き、今夕謝禮に參りたるものなり、就ては、聊か禮の印までに、禪師を饗應したければ、イツの何日の夕方、再びこゝへ出迎ひに來るべし』と作り聲をして、嚴そかに云ひ渡し其儘暗に紛れて姿を隱くした。

住持は之を眞に受けて、其の日に有りつ丈けの盛裝をして、待つてゐると、果して龍神と稱する者が又來たので、何しろ龍神の御馳走になるのだから、喜んでゐると、龍神の永泰は『禪師、吾が背に乗玉へ』といふ、住持は一切夢が夢中で、永泰の背に負ぶさると、永泰は住持を負ぶつたまゝ一散に駈け出して、龍淵に行つた。

永泰は住持を池の淵へ伴れて來て『禪師、しばらく目をつぶりて水中に入り玉へ、初めの程は、冷たい感じがするが、ほんの一瞬時、ですぐ龍宮へ著くことが出來る』折から冬のカラ風は枯林を掠めて吹きすさび、池には氷さへ張つてあつた。

住持は正直に永泰の云ふがまゝ、瞑目してゐると、矢庭に永泰は住持を池の中へ突き落して暗夜に姿を隱くしてしまつた。

住持は龍神の招待とあるから、晴れの僧衣を纒つて、袈裟さへも綺羅美やかに著飾つて行つたのに、寒中殊に只でさへ寒い所へ、夜る泥水の中へ突き落されて、一時は人事不省に陷る許りであつたが、漸く這ひ上つて、濡れ鼠の如くなり、顏や手足は池の中の荊蕀や岩石で滅茶〱に怪我をして震へ乍ら寺へ還り、其まゝ寢付いたが、能く考へて見れば、何者にか欺かれた事を初めて知つた。

永泰の斯かる惡戯を知るや知らずや、高麗王の忠惠王が、ある日狩獵に行つて永泰も御伴を仰せ付けられたが、王は何と思つてか、水溜りのある所で、突然永泰を水中に突き落された。永泰は漸くの事で這ひ上がつたので、王は『其の方は今何處へ行つてゐたか』と問はれると、永泰は濟ましたもので『只今、屈原に遇つて恭りました』王は笑つて『屈原は、何と申したか』永泰曰く『屈原の申しまするには、自分は暗君に遇つたから、投身して死んだか、貴殿は明君を頂き乍ら、何で水の中へなんぞ這入つて來たか』と申しました。

鮒郡守と落首

黃海道延安（今の延日）邑の池には美事な大きな鮒が棲するので土地の名物になつてゐる。或る時代の郡守が延安に赴任して以來、每日鮒を食べて、どうかすると一日に三四度も、鮒の御用を申し付けてゐたが、政治向きの事は極め、無能であつたので、人民が郡衙の壁へ左の落首を書いた。

六年何事業　喫盡一池魚

家の中の傘

柳寛といふ大官は、位人臣の榮を極めても、極端な節儉を守つた人で、下僕も使はず、下婢も置かずに夫人と只二人、至つて粗末な荒ばら屋へ住つてゐた、家の修繕をしないので、雨の降る時は漏り放題で、餘儀なく家の中で傘をさして雨を凌ぐといふ始末、それでも夫人に向つて『世の中には定めし傘の無い家もあるだらうが、こんな土砂降りの時にはドウして凌ぐだらう』と云へば、夫人は早速傘の無い家は雨の漏らない樣にしてあります』

惡友＝泰西の童話＝

……心だめし人殺しは誰も嫌ふ……庇ふのは獨り父の老友のみ……

是れと似た話が泰西の童話にもあるが、朝鮮のは倅の年齢が餘程違つてゐる。
或る所に道樂息子があつた、惡友が大勢あつて家を明けると五日も十日も歸つて來ない、さうかと思ふと偶に家にゐると、惡友が押しかけて來て酒を飮んでは騷ぐ、固より富裕な家だから、たつた一人の息子がソンな風では、行く先きが案じられるので、父親が心配して、息子を呼んで『お前の友達は、揃ひも揃つたヤクザ者の樣に見受けるが、迚もアレでは、お前が萬一の時に何の賴りにもなるまい』といふと息子は之を遮つて

『父上御心配あるな、日頃こそ何れもアンに放埒に見ゐますが、若し私に何か事があつたら屹度助けて呉れる者許りです』と云ふから父は『それは結構な事だ、朋友といふものは是非さう無くてはならぬが、どうだらう、此の父に安心させると思つて、今日は一つ皆んなの友達を試めして見ようではないか』といつて、豚を殺して丸燒きになし、其の毛を挘しつて之を筵に包み、丁度人間の屍體の樣にして其の豚の筵包みを息子に擔がせて、友達の家を一軒〳〵歩いて試めす事にした。

夜父子で家を出て、一人の友人の家を訪づれた、息子は父に教へられた通り、其の友達を呼び出して『今のぴきならぬ事で人を殺して來て、此の通り其の死骸を擔いでゐるが、ほんの些しの間で好いから、君の家へ入れて呉れ』といふと、友達は膽を潰ぶして『何しろ、すこし待つて呉れ』と云つたまゝ外に待たして、如何に待てども暮らせども出て來ない、

父は物影で之を見てゐて『さうだ、おれの云ふ事に間違ひは無からう、此の調子では

一と晩待つてゝも出て來る事はない、一体お前の友達は、みんなアゝなに頼みにならないのか」と云へば、

息子は『いゝね、父上、あの野郎は私の友達の中で一番薄情な奴で、何んぞの時に試めして見ようと思つて來たのですが、外の友達はソンな事はありません』と云つて、更に一軒の友達の家へ行つて、前の樣にして賴むと、其の友達は驚くの何んのと云つて、一と通りの驚き方ではない、之を聞くが否や『丁度家に取り込みがあつて、人の事どころではないから、そんな物を擔つぎ込まれては困る』と云つて追ひ返した、更に又外の友達の所へ行くと、今度はソレどころではない、飯もホロヽに、今までの友情とは打つて變つて、もう人殺しをして、どうせ晩かれ早かれ先きの短かい人間だと思ふから、之を聽くなり『此の野郎太い野郎だ、人殺しなんぞをして、おれを卷き添へにするつもりだらう、飛んだ野郎だ、サッさと出て行け、愚圖〱するとブン毆ぐるぞ。

父は物影で見てゐて『伜、もう判かつた、之れで歸へらう、併し歸り道には、おれが一ツお前の眞似をして見よう、暫らく遇はない朋友だが、丁度十年ぶりで、其の贋せの屍體を擔つぎ込んで、何んと云ふか、試めして見よう』

それから父が舊友の所へ、豚の丸燒の莚包みを擔ついで行つたのは、夜も未だ明けやらぬ深夜であつた。

父は深夜に而かも十年ぶりで舊友を訪ふて、息子のした樣に其の老友に賴むと、老友は驚て『早く其の包みを家の中へ入れ玉へ、ぐずぐずすると、もう程なく夜が明けて、勞働者抔が通るから、早くくく』と云つて、老友は其の莚包みを自分で擔ついて『手を貸し玉へ』とアベコベに向ふが手を貸せと云つて擔つぎ込み、手近にあつた金槌で、溫突の根太を壞はして其の莚包みを溫突の椽の下へ隱くさうとするので、父は慌わてゝ之を押止め『實は斯くくの通り』と今までの事を話したので、老友も初めて安心したが、父は息子に向つて『おれの友達は十年も遇はないが、遇ふと此の通りだ」と誡めたので、息子もスッカリ改心してして其の後は惡友と交はらぬ事になつた。

惠んだ大金＝德孤ならず＝

……危ふき親子四人の命……亡父の手引きか……地師の豫言……

江原道江陵に金氏を姓とする人があつた。父祖代々名門の家柄で、家に多くの奴婢を置いて、富み榮ゑたが、當代の金氏になつてから、どう云ふものか不幸續きの爲めに、今は見る影もなく零落して、殊に妻には死に別れ、息子と二人で詫びしき生活を續けてゐた。ところが年は取る一方だし、貧苦も益々ひどくなるので、不圖思ひ付いたのは、元と召使つてゐた多くの奴婢のことである。是等の者は殆んど全部湖南の或る島に集つて、今では相應に產をなし、中には子孫のある者さへある。

朝鮮の名門家が貧乏した最後の手段は『濱貢』といふ事を行ふので、之は元の奴婢から金を徴發するので、それは家に傳はる奴婢の名を書き列ねた文劵（軸）を買ひ取つて貰ふのである。元の奴婢なり奴婢の子孫なりが其の文劵を買ひ取れば自然肩身が廣くなるので可成りの金を出して元の主人から買ひ取るのが例である。父は息子を呼びて其の次第を話し、文劵を渡して湖南の其の島へ赴かせた。

息子が行つて見ると、誠に立派な村で、中には相應な金持ちもある。そこで村の重立つ者の家へ行つて、文劵を示すと、各自喜んで醵金したので忽ち數百圓の金が集つた。息子は其の文劵を渡して金に替へ、早く父の喜ぶ顏を見樣と思つて、江陵へ歸つたところが途中錦江の河べりに出ると、向ふの方で老人夫婦と其の娘の樣な女とが三人で、何か悲しげに云ひ合つてゐたが、軈て三人とも河へ身を投じ樣とするので、息子は驚て駈け付け、之を抱き止めて仔細を聽くと左の如く語つた。

曰く、此の老人夫婦の間には一人の息子があつて、若い女は其の嫁であつた。さて其の死なねばならぬ事情といふのは、息が附近の軍營に軍人として勤務するうち、何かの落ち度で今は營倉に繫がれてゐる。併し是れは金次第でドウにでもなるが、扱てソレが明日中に是非金を納めなければ、息子の首は飛んでしまうといふ場合であつた。それ故年寄り夫婦は是まで苦心して、土地家屋は云ふに及ばず、家財家具まで賣り拂つて、伜(せがれ)の贖罪金に當てゝみたが、まだ數百金なければ、迚も伜の命は助からぬと云ふので、此の上は如何に七轉八倒しても、金の出るへきメドがないので、年寄り夫婦は、世を果敢なみ、たつた一人の伜に先き立たれて、此の世に生き永らう甲斐なしとて、夫婦とも錦江へ身を扱じて死なうとするのを、嫁が、わたくしも共に父上母上の行かるゝ冥土とやらへ行き、あの世で夫にお目にかゝるへしと云つて、親子三人今しも河へ飛びこむといふ危ぶない所であつた。

　湖南の島から命を貰つて來た金氏の息子は、之を聽いて、つく〴〵同情し、幸ひ手許に數百金あれば之を持つて直ぐ樣軍營に赴き、子息の贖罪金に充てられよと云ひ、綺麗に持てゐた丈けの金を與へてしまつた。

親子三人は大に喜び、既に日暮にも間近き事なれば、今宵は是非されよと勸めたが、金氏の息子は、之を辭して、實は父が自分の安否を待つてゐる事もあれば、是れで御別れ申すとて強ゐて歸つて行かうとするので、さらば御名前なりと伺ひたしと云ふのを無理に振り切つて、名前も名乘らず、獨り飄然として江陵の我が家に歸つた。

父は待ちあぐんで、定めし倅が多くの金を持つて來るだらうと折指り數ゐて待つてゐる間もなく案外早く倅が歸つて來た。父は遠い所へ行つた倅の勞を稿らつて、先方の樣子を詳しく聽いた所が、立ち所に數百金も集つたと聞き、大に喜んだが、夫れから段々其の後の話を聞くと、緣もゆかりも無い者に其金を只遣つてしまつたと云ふから、意外に思つて、其の事情を聽くと、息子は事の次第を語つたので、父は吾が子の脊を撫でゝ、流石は自分の倅である、それは好い事をして來た、若し其の金が無かつたら親子四人が共に死ぬ所であつたのを、お前が金を與へた許りに四人の命が助かつた、我が家の生計はドウでも好い、誠に好き事をしたと却て金を遣つたのを褒めた併し金氏の家は相變らずの貧乏で親子諸共稗をも食ふや食はずで世を過ごしてゐるうち、父は仮りそめの病の床に就き、とうとう歸らぬ旅路に上つた、金氏の息子は父の墓所を設けるために、地師といふ、朝鮮で方位を占ふ者を伴れて、普ねく山のある所を跋渉した所が、或る山の麓に適當な場所があつた。地師は勿体らしく磁石を据へて、占つて見た所が、暫くして礑と膝を打ち。こは又となき無上の好地位である、恐らくこゝに墓所を選ばゞ、貴下の名聲は立どころに顯達して家門の悲運を挽回するであらう、宜しくこゝに御きめなさい』と云つたが、

息子は暫く考へて『もう何しろ日も暮れかゝつたから、此の邊で泊る所もないが、向ふに見ゆる大きな家へ行つて、泊めて貰ふ事にしよう』と云つて、地師を促して其の大きな家を訪づれた、ところが此家は見ると中々の富豪らしい家で、非常に親切にして『それは嘸お困りでせうから、お泊りなさい』と云つてくれ、夕飯抔を出して、もてなしてくれた。

金氏の息子は、地師が先刻あんな事を云つたが、恐らく氣安めに云つたのだらう。謝禮も澤山出すことが出來ない身分だから、いゝか減な事を云つて、此の邊で皃をつけるのだらうとも思つて見た。地師は便所に行つたものか、其の坐にゐない、獨りで淋しい旅先きの深き思ひに沈むと、そゞろに前途に悲愁の情が彌やまさつてくる。ほの暗い燈下で無限の感懷に耽つてゐると、やがて子供が來てお膳を下げて行くとき、若い女が這入つて、來て矢庭に金氏の息子に縋りついて、聲をあげて泣きだした、息子は何の事だか、薩張り解らない、其の中に地師も歸つて來たが、今度は其の家の老人夫婦が、轉ろげ込む樣にして這入つてきて、若い女と同じ樣に息子に取りすがつて慟哭した。

息子は何んだか些こしも判らないので地師共々に譯を聽くと、何ぞ知らん、此の老夫婦と若き女こそ、今を去ること五六年前、錦江の河べりで投身しようとしてゐた親子であつた、

七四

軈て未知の人ではあるが嘗て助け出したといふ當の本人たる老人夫婦の息子も這入つて來て、兎も角コヽでは話が出來ぬからと云つて奥の客室へ案内して、さて其の老人が云ふ樣『彼の時若し尊公なかりせば、吾々親子四人は河底の藻屑と化したのであるが、幸ひにして尊公の厚き御高恩によりて、一命を拾ひた事のみか、今では伜の放免後、只管尊公の事のみ思ひ續けて、一家四人心を一にして稼ぎたるため、御覽の通りな家に住むことも出來た。而して只だ其の時遺憾なりしは、御名前を聞き漏らした事で併し又いつかは邂逅つて御恩の萬一に報ゆる事もあらんかと期し、自宅を立派に作れば、必ずソレと同じ家を建て、いつ御目にかかつても直ぐ樣お迎ゐ申し上ぐる丈けの準備を爲しあれば、何卒此の後ろに建てたる高き家を、尊公の家と思し召されよ、斯くて吾々親子は、尊公をコヽに迎ゐて、末永く御鴻恩に報ゆる考へである』と、老ひの眼に涙を湛ゐて、嬉し泣きに一同と共に泣き崩れた。

金氏の息子は、夢かと許りに打ち喜び、地師も共々其の占ひの當つた事を喜んで、地師には過分の謝金を與へて歸し、金子の息子は其の家を貰つて、後ち妻を迎へ、子孫末永く安樂に暮らしたといふ。

師僧の豫言 ―海印寺奇談―

……和尙と郡守の子息……妓生の怨みて非業の刃に殪る……

慶尙南道陜川郡守某は、年六十になつて十三歲の一子があるのみである。何しろ年寄りのことで、孫の樣な子であるから、日頃殆んど目の中へ入れる程可愛がつて、子供が嫌やがるからと云つて、其子に字を敎へないので、十三歲になつても文字も知らなかつた。それを同郡の名刹海印寺の大和尙が此の事を聞き或る日郡守を訪ふて『あなたも既に取る歲で、後繼ぎの御子さんが無筆であつては、名門の家も斷絕する譯であるから、愚僧に其の敎養方を御委かせありては如何であるか』と云ふと、郡守も、我が子の我儘にはホト〳〵持て餘して、而かもそれが日に増し募る許りであるが、どうかして字を覺えさせ樣としても、迚も云ふ事を聞かぬので困つてゐた所であるから、一も二もなく承知して、和尚に我愛兒の敎養方を頼んだ」すると和尚は。併し御子樣を山門に引取るからは、親子の緣を一時絕つといふ証文を入れてお貰ひ申さねば、御引取り申すことは出來ませぬ。しかし何年かの後ちには。必らず愚僧が一命にかけても、適れな人物となし、高官の資格を得るまでの學問を御授け申さう、と誓ひ郡守から証文を受取つて息子を寺に引取つた、

海印寺には數十人の僧徒がゐる。郡守の子は、海印寺へ引取られて後ち、今までとは丸で違ひ、僧侶の食べる不味い物を食べて、朝は早くから起されて、つらひ勤めをしなければならぬ、その上ならず、一山の僧徒が、みんなで寄つて高つて、郡守の息子を苛ぢめあげる、今迄親からでさへ、ぶたれ事抔のなかつた身はすこし生意氣な事を云ふと云つては、毆ぐられたりするので、泣きの涙で暮らしてゐた。四五日經つ

と、大和尙は本堂に威儀正しく座を占めて、其の傍には一山の重なる僧侶が座して、其の前へ郡守の息子は引き出された。郡守の子は、飽く迄も名門の身であると思つてゐるので、泣き乍ら、和尙に向つて『汝等卑しき僧徒の身を以てして、吾れを幼少なりと侮り、何故斯くも辱めを加ふるぞ、吾れは是より山門を去つて、父に此の事を訴へ、汝等を皆殺しにすべし』と叫んで、其の場を去らうとしたので、今度は多くの僧侶が出て、繩で縛つてしまつた。大和尙は、から〱と嘲ざ笑つて『御身の体は既に御身の父上より一時貰ひ受けたるものなれば、最早御身の自由にならず、其の證據は斯くの通り』とて、前の証文を見せて、尙も折檻を加ふべしと云つて、錐を眞赤に焼て足へ突き刺さそうとするので、流石の强情な子も遂に我を折つて、とう〱夫れから和尙に就て親しく物を敎はる事になつた。ところが根が悧發な質であるから、忽ち一を聞て十を知るといふ有様で、僅か四五ケ月の間に一と通りの文字に通じ、三四年の後には、和尙も舌を卷く程の博學多識な靑年になつた。和尙も之れで丹精の甲斐のあつた事を喜び『是でモウ大丈夫であるから、郡へ上ほつて、科擧（文官試驗）に應じ玉へ』と云つて、久しぶりで生家へ歸してやつた。

しかし郡守の子は、學問の上達した事は別として、今考へて見ると、如何にも海印寺の和尙を初め一山の僧徒が自分を苦しめた事が殘念で溜らなかつた。

郡守の子はソレより三年の後に首尾よく文官試驗にも登第し、更に數年の後には嶺伯（慶尙南北道長官）となつたのが、海印寺にゐた時の事を思ふと今猶は怨み心魂に徹してゐる。丁度幸ひ慶尙道の長官となつたから、今ぞ昔の怨みを晴らす秋が來たと思ひ、朝鮮一流の威容堂々として、多くの從者を隨へて或る日海印寺へ乘り込んだ。

すると往年の大和尙は今も尙ほ健康で、一山の僧徒を率ゐて、途に之を迎ねた。昔の郡守の子であつた今の嶺伯は、紅流洞といふ處で、和尙の出迎ねを受けたが、今の今まで殺さうと思つてゐた和尙の顏を見ると、俄かに心氣一轉して、もう殺す氣が出なくなつた。そこで恭しく轎を降りて、和尙に向ひ、慇懃に一別以來の久闊を敍したので和尙も丹精の甲斐ありて立身したる事を深く喜び何は兎もあれと云つて、寺に入り其の夜は昔の如く和尙と同じ室に寢ることになつた。和尙は其の夜親しく心中を打ち明けて『御身が今の今まで、愚僧を殺さうと思つてゐた事は、能く判つてゐるが、何故俄かに態度を變へ玉ひしぞ』と云つたので、嶺伯は、包まず隱くさず今まで思つてゐた事を逃べ、一度師僧の溫顏に接してより、俄かに心氣一變したる事を告げたので、和尙は笑みを湛ねて『さもあるべき事なり』と云ひ、手文庫の中から、一通の書類を出して見せた。其の書類には、嶺伯の將來の事が豫言してあつて、それに據ると、今後尙ほ累進して幾年の後ち平安南北道の長官となり、位は何品の高きに至り、壽命は是々の長命を享けるといふ樣な事まで書いてあつた。さうして和尙の云ふのには『貴下が若し平安道の長官となりたるときは、愚僧も一度平壤へ御訪ね申すであらう、而して其の時寢室は必ず今の如く愚僧と同室に寢られよ』と云ひ聞かせた。嶺伯は最初に來た時とは全く變つて、和尙を殺す氣は毫頭もなくなり、翌朝は厚く種々の寄進をして寺を去つた。其の後數年ならず果して嶺伯は箕伯（平安南北道長官）となり、和尙は約束の通り、平壤に箕伯を訪づれた。

豫ての約束もある事だから、箕伯は其の夜和尙と同室に寢た。其の夜どうしたものか、温突が莫迦に熱いので、箕伯は夜が更けてから、和尙を其の室に殘して自分丈けは隣室に寢た。一と寢入りすると、何だか血腥い臭ひが鼻を衝くので、何の氣なしに和尙の寢てゐる室へ行くと、驚く可し和尙は何者にか刺し殺されて、旣に絕命してゐる。箕伯は大に驚いて、人々を呼び寄せ、兎に角何者に殺されたのだか嚴重に詮議して見た所が、案外にも、箕伯を付け狙ふ官妓の仕業である事が判つた。

是れは和尙が豫じめ今日の事あるを知つて、箕伯の身替りになつたものであるといふ。

占ひの名人 〃是も日本落語〃

……燕京の大持て……舌切られ先生……而かも師を思ひて……

この話などは母國の落語で屢々聞く筋である……朝鮮の家庭敎師は多く官吏登用試驗に落第せしもの丶志を得ずして、名門の家に雇はれ、子弟の敎育に從事する老書生である。

之も其の一人なる去る名門の家の老家庭敎師が其の家の下婢に戀したのであつた、然るに下婢は一向之に應じなかつた所が、ある時其の家庭敎師の敎ゐを受けるソコの子息が、何か惡い事があつて家庭敎師が鞭で毆くらうとした。すると其の息子は元來悧好な質の子であるから、既に先生が下婢に思召のあることを感付いてゐたので『先生毆ぐるのはドウか勘忍して下さい、さうすれば私が必ず家の下婢を先生に取持ちますから』と云つて詫びた。

先生は下婢を顧て、斯の相談を聞きゐ[illegible]、振り上げた鞭の手を止めて、

『併しソレは迚も駄目だと思ふが、汝に何か好き策略があるか』と聞くと、息子は『先生、御安心なさい、それは明朝わたくしが父の膳の上にある銀の匙を隱して、井戸の傍へ埋めて置きます、さうすると下婢は慌てゝ匙を探すでせうが、迚も見付かることはありません、其の時わたくしが先生は占筮が上手だといつて、先生に占つて頂くと、直ぐに匙の在所が知れるといふ寸法であります。

子弟の間にはコンな相談が出來上つた。翌日果して銀の匙が紛失したといふので大騷ぎになつた。そこで下婢は主人から叱られて半狂亂の体でゐる所へ、息子が來て『お前は知るまいが、わたしの先生は占ひが大變上手だから、一つ先生に見て貰つてはドウだ。』と云つたので、下婢は地獄で佛の思ひをして早速家庭敎師の所へ、頭を下げて行つて、色々賴んだ所が、敎師は、先づ占ふことは容易であるが、若し當つたら、自分の妻になるかと念を押した所が、もう斯うなつては仕方がないので、下婢は『先生の仰せ通りになります』と答へたから、教師は心中〆たと思つて、勿体らしく占筮の眞似をして、其の結果井戸の傍にあると判斷したので、早速井戸の傍を探すと、果して匙が出て來た。

さあサウなると此の評判が高くなつたが、其の蔭には悧好な例の息子がゐて、滅多に先生に占はせない。常に稱して王侯の望みとあらば格別であるが、普通の者の筮をすることは斷じてしないと云つてゐた。

ところが、支那の皇室で玉璽が紛失したといふ椿事が出來した。國內の占易者に鑑定させたが、終に發見する事が出來なかつた、すると朝鮮に占筮をする者を求められた結果、此の家庭教師の評判が高いので、とう〳〵支那皇室から此の家庭教師を召し出す事となつた。

教師は平生餘り誇大に揚言してゐるので、斷はる譯にも行かず運を天に任かせて支那へ行く事にした。參謀は例の悧好な名門家の息子であつた。

さて支那の帝都へ著くと、げふ〳〵しい騷ぎで教師は皇帝から謁見を仰せ付けられ、身に餘る光榮に浴して引下がつたもの〳〵、今度は全く夢我夢中であるから、流石の悧好な例の息子も殆んど氣が氣ではなかつた。かれ是れする内に早や二十九日も經つて、まだ判らない、固より判るべき筈がないので、師弟二人は只だ嘆息を漏らすのみであつた。

時しも丁度冬のことで、二人のゐる居間の障子の合せ目から吹き來る風は『風紙』と云つて支那朝鮮特有の風を防ぐために、障子の合せ目に切り殘した紙の端を振ひ動かして、ビユウ〳〵といふ音をさせてゐたので先生は思案に餘つてツイ

『風紙、風紙』と獨り呟いた所が、矢庭に一人の男が突然其の室へ入つて來て、手をついて謝して云ふのには『それがしこそは、仰せのフウシと申す者にて、今となりては何をか隱し申すべき、先生の眼力に違はず玉璽を盜みたるは、全くそれがしの仕業なり』

と云つたので、教師も息子も呆氣(あつけ)に取られて、段々聽て見ると、其の男が仔細ありて、玉璽を盜み、御苑(ぎよゑん)の池の中へ放り込んだと云ふことを自白したので、教師は初めて胸を撫で卸ろし、左あらぬ体にて、自分の占筮に據るとドウしてもフウシといふ者が盜んだ事までは判つたが、さて其の在所(ありか)を今占(うらな)つてゐる所であると、脅かしたので、其の男は益々震ひ上り『斯くまで見破られたる上は何をか隱し申すべき、全くソレに相違なし』と恐れ入つたので、教師は得たりと許りに『コハ神妙なり、汝の事情を聽きては同情する事多ければ、汝のみは固く秘すべきも、後難の來るべき虞れあれば、疾く何れへか姿を隱すべし』と、お爲(ため)ごかしに云ひ聞かせて、翌朝參内の上、玉璽は確かに御苑の池の中にある旨を奏答したので、宮廷では早速探がさせた所が、果して池の中から玉璽が現はれた。

教師は多大なる面目を施して支那の皇帝より官位さへ賜はり厚き艸々の賜品などがあつて愈々朝鮮へ歸る事になつた、ところが例の悧好な子息(むすこ)である。此(こ)れ以上評判が高くなると、ドンな禍ひを生じないとも限らぬと思つたから、出立の日に歎いて先生の舌を出させ、手早く舌を鋏み切てしまつた。それがため先生はモウ何事も語る事が出來なくなつて、自然占ひも廢めることになつたが、支那皇室の占ひが當つたので官位を得て一生安樂に世を送つたさうである。

チャンスン ＝朝鮮の道標＝

……其の緣起と傳說……先祖は是れもドウやら印度らしい……道祖神……ウブスナガミ……南洋に同樣なもの……朝鮮の畜生塚……

朝鮮の村落を旅行したものは、里洞の入り口に松の丸太で以て圖に掲ぐる如き道標の建てあるのを見ることがあるだらう、之をチャンスンと稱してゐるが、何時の代から出來たものか一向不明である。右に對して今村鞆氏著『朝鮮風俗集』(ウツボヤ發行)によると大要左の如くである。

此の緣起には興味ある二個の傳說がある。其の一は、何時の世にやありけん、昔某王の治世に張といふ姓の宰相があつた、一時權威をさ〳〵並びなく、世に時めいたが偶々佞人の猜みを受け、遂に官位を失ひて或る山里の片隅に貧づしき暮しをする事になつたが、不幸は其の上にも重つて妻にも死に別れ、娘と二人詫びしく憂き歲月を送つてゐた所が、いつとはなしに現在生みの我が娘に戀するに至つた、併しソレとは娘に語り得ぬので、其の結果遂に戀わづらひをして、病の床に就いたが、病勢は益々重くなる許り此の上は何時死ぬか判らぬまでになつたので、或る日娘を枕許へ喚び初めて意中を明かした所が、娘は別に驚いた樣子もなく、父の擧動で疾うにソレとは覺つてゐたが、如何に父上の心根とは云へ、人倫の道を破ることは出來ぬが、去りとて御命の瀨戸際であるから、已むを得ぬことである、さり乍ら仮にも萬物の靈長たる人間であり乍ら、犬畜生の爲せる業をなすことなれば、父上にも犬の眞似をして、床下の土を潛り三度犬の吠ゆる樣に吠えたら御言葉に隨ふべしと、眉を顰めて答へた所が、張老人は既に眼の[illegible]んでゐる事であるから。一も二もなく犬の眞似をして、終に醜慾を遂げたのである。

つた所が娘は、餘りと云へば餘りの事に、之を嘆き悲み、自ら求めて人道を破りたる罪を償ふべく、裏の何かの樹に紐を吊して無殘にも死を遂げて了つた。

其後張老人は病も治つて獨り淋しく暮してゐたが、野に遺賢を求むる機會があつたので再び張老人は召されて臺閣に列する事となつた。

そこで都に出て宮廷に伺候した處が、何故か老人の冠に霜が降りかゝつてゐて、剰へ其の冠の縁に犬の毛が夥しく著いてゐたので、人々が不審に思つたところ、王の傍にゐた鬼谷先生といふ儒者が、早くも謫居中の隱秘を看破して具さに王へ奏上した所が、王は大に激怒して、人倫の大道を破つた極惡人であるから、之を嚴刑に處すべしとあつて、張老人は忽ち捕へられ、首を斬られ、猶諸民へ見せしめの爲に其の像を刻んで國中限なく之を建てさせたといふ說と

第二の說には、是も一切時代が不明で、某王の時代に張といふ姓の大臣と、金といふ姓の大臣とがあつた、或る日此の兩人が國王の前へ伺候した所が、王の曰はるゝのには『若し仮りに玆に幼き兄妹があるとして、此の兩人を人里遠き山奥へ永く棲はしたら、其の行末は何うなるであらうか』と問はれた、金大臣は先づ答へ申して曰く『或は夫婦の交はりを結やも計られず』と云つたのに對して、張大臣は『こは以ての外なり、何條人倫の道を破りて禽獸に等しき所行に及ぶべき』と反對の意見を申し述べた所が、王は即座に張大臣に命じて、張大臣の幼けなき兄妹の子を山深く放つて、人を絕

たせた所が、果して其の後情交を通じたものと見られて、十年後に王が使者を其の山奥に遣はした所が、兄妹の間に子供の出來た事が判つたので、王は大に怒つて、張大臣に對して、斯かる先見の明なき者に輔國の大任を託し難しとあつて、其の官位を脱奪して之を野に放つた。

張は夫れより病を得て遂に落魄の裡に死んで了つたのである。之に對して時の人が其の死を憐み、木標を作つて、上に其の顔を彫り、之に里程や方位を記して路傍に建てて生前大臣として功績なきを、死後に償はしめんとしたのであるといふ。

之に對して今村氏は尙曰く「此の傳説は、上代の同族婚姻問題に對する可否の議論盛んなりし時代の産物で、後世に於て附會したものと想像される。要するに張將の本體は、猿田彦と同じく道路神である、大公望の妻が城隍になつた傳説と共通してゐる点がある。又現に南洋某島に存する大木を刳り抜き人面を上部に彫み樂器として使ふ物があるが、此の張將に甚だ酷似してゐる」と、更に曰く「城隍は、京城に城隍壇があり、全道各郡廳所在地には必ず一つ宛城隍の祠がある、是は國家より建立して國政の一として祭祀したものだ、右の外村落到る所村民が勝手に造つた小堂祠がある、祠の無き所は樹の下や峠等に小石を積んで祀つてゐる。此の神は印度祖神即ち産土神で、安南を經て、南支那に傳はり、漸次北進して朝鮮に入りたもので、ソレに岩石崇拜と、道路の守護神と周の大公望の前妻との四つが混合したものである。

鼠の婚禮 ＝母國譚其儘＝

……天下一の偉らきもの……天……雲……風……石佛……野鼠……

此の話も內地の話になつてゐる……昔し野鼠があつた、夫婦の間に子鼠を產んで、それが成長した所が、どうかして天下一の者を嫁にしたいといふ、大變な慾望を起した、親鼠夫婦で相談した揚句、天下一といふのは、天より外にないから天と結婚させ樣と思つて、天へ此の事を交涉すると、天の曰く『天は成る程天下一だが、併し天の上がある、ソレは雲である、天が如何に偉らくつても、雲が天を掩へばソレつきりである』と聞かせたので、親鼠は尤もの事だと思つて、雲に結婚を申し込んだ、ところが、雲の曰ふのに『成る程俺が天を掩へばソレまでだが、併しサウ云へば、風の方がモットゑらい、風が一度吹くと、おれ達は一と溜りもなく吹き飛ばされてしまう』、

親鼠は、げに尤もの事だと思つて、風に話を持ちかけると、風の曰くに『此方も隨分ゑらいが、併し京畿道果川郡果川邑の石佛(彌勒)には敵はない。此方がイクら吹いても彼の石佛だけは、どうしても倒すことが出來ない』なるほど之れも尤もだ、そんなら一つ石佛に相談して見ようと云つて、石佛の所へ結婚の話を申し込むと、石佛の曰く『自分はドンな事があつても風には倒されないが、只恐わいのは野鼠である、野鼠が地を堀るものだから、どうかすると、自分は倒れさうになる、して見ると野鼠の方が自分より偉らい』

之を聽て親鼠は初めて氣が付いた『成程さう云はるれば、野鼠が全く天下一である』

扇の壽命 〃吝嗇くらべ〃

……珍らしいケチな爺……此の親にして此の子あり……扇を永く保たせる法……

稀代な吝嗇な爺があつた、常に擅をした石首魚を一尾天井の上から吊るして置て、飯を食ふ時には、おかずなしにソレを眺めてたべる、若し子供抔がイツ迄も眺めてゐると、そんなに無駄なことをしてドウするか、一度見れば一膳の飯が食べられると誡めてゐた。其の爺に子が三人あつて、或る時、よそから扇子を貰つたので、三人の子を呼んで、其の扇を示し『此の扇の壽命はドノ位あるか』と聞いた所が、季の子も仲の子も『一年ぐらゐもちます』と答へた。最後に長男に聞くと『二十年は立派に使へる』と云つたので、其の爺も二十年保つとは思はなかつたが、どうしてソンなに壽命があるかと聞くと。

『それは扇をあけたり疊んだりすから、早く壞はれるので、開けたまゝにして、天井から吊るして置き、若し夏になつて暑かつたら、下から自分の首を動かしてさへすれば、確かに二十年はもちます。

親の心 =カラも倭も=

……何處も同じ人の親の心……宰相にする迄の苦心……

若い高等官の黄守身が、ある妓生に夢中になつて、家を外にする放埒三昧に對して、父翁の喜常は常に之を心配して、屢々意見を加へて見たが一向聞き入れる模様かない。ある日父翁は何でもないのに衣冠を整ねて、禮裝して、伜の歸るのを待つてゐた。守身が歸ると、まるで來客でも迎ねる樣にして、切り口上で物を云ふから、守身も膽を潰ぶした。段々譯を聽くと『如何に意見を加へても妓生の事が思ひ切れぬから、もうホト〱俺は愛憎を盡かした、それ故今日から自分の子と思はぬ、たゞ身分のある役人が、自分の家に泊つてゐると思ふより外はないから、俺は是から毎日〱汝の出勤するときも、退廳して來た時も、斯うして丁寧に送り迎ひをする積りである』と老

九四

ひの眼に涙を浮べて言ひ放つたので、守身は驚いて、斯くまで老父に心配をかけ様とは思つてゐなかつたから、父に非常に詫びて『今後必ず妓生の家に參りませんから御安心下さい』といつて、ソレからと云ふものは生れ變つた樣になり妓生の家抔は見向きもしなかつたので、父翁も漸く安睹してゐた。

ところが或時外出先で強たかに酩酊して、夜る晩くなつてイツモの通り馬に乘つてうつら〳〵我家へ歸らうとして行くと、馬は夜なら必らず妓生の家へ行くものとのみ思つてゐるので、妓生の家に主人を運んで行つた、乘てゐる守身は、永い間謹身してゐた所へ、外出先きで、殆んど無理強ゐに酒を勸められたので、一切夢中で、ぐでん〳〵に醉つて、其まゝ前後不覺で妓生の家へ扶け入れられた。夜中に眼が醒めて見ると、枕許に例の馴みを重ねた妓生がゐるので、驚いて邊りを見廻はすと、自分の家ではない、妓生の家であるので、どうも合點が行かぬ。久しぶりの深か酒で前後不覺に陷つたときは、よくあることで、守身は未だ半ば生醉ひであるが、昨夜の事を考へると、友人の家で酒の馳走に預つた、それから馬へ乗つたこと迄は覺えてゐるが、どうも其の先きの事が判らない。之は何しても取り返しのつかない事をして老人に又心配をかけた譯であると思つたが、考へて見ると、自分が昨夜友人の家を出てフラ〳〵と馬へ乗つて手綱を取つたが、馬と云ふ奴は悧好なもので、いつも夜る遅ければ、必らず妓生の家へ行くことに極まつゐるので、ココへ自分を送り付けたのだらう。併し馬は馬として、父に何とも申譯けがない、一体ココへ來たのは、何と云つても馬が送りつけたのだから、馬の首を刎ねて父に申譯をするの外はない、が併し不憫なことである、馬は畜生で何んにも知らないから、夜る遅くさへあれば、此の家へ來ることゝのみ思つてゐるのは、寧ろ主人に忠義なもので、無論自分が重々悪いのだから、馬の首を斬つた事にして、父に申し譯をし様と思つて夜の明けるのを待つて、家に歸る途中馬を殺した体にして、扨て歸宅の上、父に向つて、昨夜の在りし顛末を述べて「實は是といふのも、乗つてゐた馬が悪いから故、お詫の印に馬の首を斬りました」と云つたが、父は何事も云はず『あゝさうであつたか』と云つたきりで其の場は、濟んだ。守身は、愛馬を殺した事にして暫らく他所へ預けて置き、程經て愛馬を取り戻して乘つてゐたが、父は見て見ぬふりをして何も咎めなかつた。守身は之に懲りて其の後謹直に身を持つたので、とう／＼出世して大臣にまでなつたそうである。

朝鮮廿四孝（代表的孝子）

朝鮮の孝子傳を拾ひ集めて見たら、流石儒教の國丈けに中々奇拔なのが澤山ある。假りに之を二十四孝といふ標題を置いたもの丶、人數にしたら迚も二十四人位ではなく記錄丈けでも百人以上あるからコヽには其の重なるもののみを摘記した次第である

目次

不思議な石鐘……掘り當てたる孝子の寶……國王より表彰さる

健氣な幼き兄弟……父を援ひたる虎を追ふ……哀れ父の屍體

次は幼き兄妹……雷鳴大雨を物ともせず……兄弟死を冒かして

少年虎を刺す……父子諸共に引ずられて……無慘なる父の橫死

糞を嘗む……或は父の爲母の爲に……中には九歳の少年

肉を割き指を斷つ……幼き少年が親の爲に……惡疾を治さんと、

虎退治……寒中の、鯉、蝙蝠、蛙……
母の頭髪の虱……斷食して死したる博士……
墓守……父の狂疾……三年間一日一食……
糞ヲ嘗む……(父の爲)……(母の爲)
九歳の少年が……脛の肉を割く……
母の爲に……十五歳の少年……
次も十五歳……——九歳の幼兒……
次十一歳……孝子の內總……
其他……

不思議な石鐘

……天より授かりたる孝子へ賜物……新羅の人……

新羅の人で孫順といふ者、至つて孝心厚く、家に小兒と妻と母とを養つてゐたが、赤貧洗ふが如く、食物が充分に得られないので、頑是なき子供は、時々老母の食を取つて食べることがある。夫婦は心配して、一層のこと小供を殺して母に孝養を盡さうと思ひ、夫婦相談の上、子供を背負つて或る山へ行つて、殺した遺骸を埋める穴を掘つた所が、かちりと云つて、鍬の先に當つたものがある。何んだらうと思つて、掘り出して見ると、誠に世にも珍らしい石の鐘であつた。

夫婦は顔見會はせて、是は何でも天が夫婦に寶を授けて、子供を殺ろさせまいとする暗示だらうと思つたから、俄かに子供を殺すのをやめて、其の鐘を家へ持つて還つて、梁に吊るて叩いて見た所が、何とも云へない、好い音の大きな響きを發したので、是が忽ち王宮に聞れた。

之を聽かれた王は、何處で其の音がしたのかと、尋ねた所が、孫順の家に不思議な石の鐘がある事が判かつた。段々取訊すと、此の孫順は孝心深き者で、母に孝養を盡す爲に、自分の子を埋め樣として端なくも、稀代の石鍾を掘り出したといふ事が判明したので、王は昔し唐の郭巨瘞子が金の釜を掘り當てた故事を懷ひ起されて、孝子の徳を表彰する爲めに、孫順に家屋及び扶持米を賜はりたとある。

健氣な幼き兄弟

……兄が十四歳で弟が八歳……虎を斧で……亡父の仇……

昌寧（慶南）の者で、朴と云いふ十四歳の兄と、云山といふ僅か八歳の弟とは、父が虎に攫はれたと聞い、子供乍らに兄弟二人健氣にも斧を持つて追つ掛けたが、既に此の時虎は無慘にも、父を喰ひ殺してしまつた跡なので、幼き兄弟は泣く〳〵兄が父の遺骸を負ひ、弟が斧を持つて家へ歸つたが、近所の者が、其の孝心を賞して、厚く亡父の葬儀を營んだとある。

父は幼き兄妹

……母の敵……雷鳴大豪雨を物さもせず……

李官明といふのは十三歳の少年である、母が夜る虎に攫はれて、おまけに其の時は雷鳴の劇しい大雨であつたが、ソレを物ともせず、九歳になる妹の姪兒といふ女兒と、十町許り虎を追つかけて行つたが、無慘にも母は既に屍體になつてゐた、そこで兄妹(けうだい)二人は力を併せて漸くの事で母の屍體を家へ負ふて歸つたので、近所の者は何れも貰ひ泣きをして、厚く懇ろに葬つたとある。

少年虎を刺す

……十四歳で……父子諸共に引き摺られ乍ら……

朴延守は靈山の者である歳僅かに十四歳であつたが、父が虎に攫はれ樣としたので、右の手で父の足にかぢり付いて、左の手で劔を拔いて虎を突き刺したが、迚も敵(か)はないので、父子諸共ずる／＼虎に引摺られてゐたので父、は途中で遂に死亡してしまひ虎も此の勢ひに恐れてか逃げ去つたので、延守は泣く／＼父の遺骸を負ふて歸つた、此の事が、地方官廳に聞ゑて旌表されたといふ。

虎退治

金允孫は、父と一所に歩いてゐると、虎が現はれて、食ひ殺さうとしたのを、允孫が身を挺して虎に向つたので、虎も驚いて逃けたのを遂に殺してしまつた。

寒中の鯉

寧海（慶南）の人で、朴辰といふ者は、病父が寒中鯉を食べたいと云つたので、近所の河へ行つて氷を壊した所が、不思議や天も朴辰の孝心に感じたものか、鯉を捕ることを得て之を病父に進めたとある。それから江陵（江原道）の人李成茂は、病母の爲めに、また春川（江原）の趙錦は同じく病の爲に寒中氷の中から鯉を得たといふ。

冬の蝙蝠

金弼成は、全南扶安（木浦）の人で、母が乳

[illegible]が出來て、[illegible]で困つてゐた人に聞くと、之を治すのは蝙蝠の生き血を吸らなければ癒らぬといふので、折しも冬のことであつたが、どうかして蝙蝠を探したいと思つて、天に向つて訴へた所が、不思議にも蝙蝠が飛んで來たので、之を捕へて生き血を絞りて進めた所が、不思議にも全快したので、此の事が、地方官に聞えて、旌表された。

寒中の蛙

長城の者徐稜は母の病氣を治さうと思つて、冬であつたが妙藥蛙を探した、どうしても探し當らぬので、大地に臥して號哭したら、不思議にも蛙が樹の上から墜ちて來たとある。それから安邊の人で姜廉も、前同樣な境遇で、冬に蛙を求めた所が、蛙を發見して父の病ひを治した。

母の髮の虱

平昌（江原）の人安正命は縣監の子であつた

が、早く父を亡ひ母に仕へて孝養を盡くし、母が頭髮に虱が生じて、それに惱んでゐるのを見て、自分の頭髮にも虱をわかして母と其の苦みを共にしたといふ。

斷食して死

晉州の人で鄭舟臣といふ人は承文院博士に迄なつた人であつてたゞ父の死に遇つて、斷食を續けた爲め終に死去したとある。

三年墓に詰切る

星州の産で、官は大夫都摠制に至つた朴矩といふ人は、母の墓を守ること三年、其の間一度も我が家へ歸らなかつたといふ。又は南海（全南）の縣令となつた朴尋といふ人も、父の墓を守ること三年に及び、一度も其の間家へ歸つたことのなかつた人である。

墓を守ること九年

東萊の人、金得仁は、父の喪に遭つて、九年間父の墓の傍に奉仕してゐた、之を日本人が聴て態々其の廬を訪ね、之を嘆稱し、持つて來た米と豆とを與へた事が、王の耳に入つて旌表せられ、金得仁は爲に官職を授けられた。

父の狂疾

平壤の人、金景利は、父が發狂を治すため、自分の右の指を切つて藥に交ぜて進めた所が、父の發狂が治つた。

三年の間、一日一食

開寧の人で金由性といふ者は、父母の墓を守ること三年、一日一食を取るみのであつた。

糞を嘗む

……一人は父の爲めに……一人は母の爲めにしたる孝子……

黄海道延安の人で金自臘といふ孝子は、父の病が重くなつて、心配で溜らぬ、之を醫師に聽くと、父の糞を嘗めて、其の味が甜辛らければ、一命に別條なしと聞き、直ちに之を決行したが、異常の無いことを知つて密かに喜んだ。此の事が王の耳に入つて、官職を授けられた。

咸陽（慶南）の人で、朴由孝と云ふ者は、母の重患に、糞便の味を利いた所が、味が甘いといふので、非常に憂懼したが、とう〳〵母が死去したものだから、母の墓を守ること六年に及んだ。

慶南晋州の河云夫は、九十歳の老母の爲めに同樣糞を嘗め、又た前記昌平の監監安正命も病母の爲めに糞を嘗めた。

九歲の少年が

=母の重患を憂ひ糞便を嘗めたる話=

之は黃海道谷城の田漢老といふ九歲の少年は母の重患に際して、醫師に聞けば、其の味ひ甘ければ全治し難しと聞き、之を試みたるに甘からざりしかば、大に安堵し、母も程なく快癒したといふ。

脛の肉を割く

金孟倣は、全南萬頃の人で、父の腫物を治すために、自分の脛の肉を切り取つて進めた所が、父の腫物が治つた。すると母亦同じ腫物が出來て惱んだので、又ぞろ自分の脛の肉を切り取つて進めたので母も亦治つた。之れが王に聽へ、召されて叅奉に任ぜられた。

母の爲に

金石逗は京城の人である、母の重病には人肉を藥に和せて食べさせなければ治らないとの事で、直ちに自分の股の肉を割いて藥にまぜて母に進めた所が、母の重患が忽ち癒つたので之れが國王に聽ねて、孝子として旌表された。

十五歳の少年

平北嘉山の者で、十五歳の少年なる金元進は、父の惡疾を治す爲めに指を切つて、藥に交せて父に進めたので、忽ち父の惡疾が治つた

次も十五歳

金孝良は僅か十五歳の少年の身で父の惡疾を治する爲に、自分の指を切り取つて父に進めたのを英祖から旌表された。之は李朝世

英祖の頃のことであつた。所は慶南の昌原である。

九歳の幼兒

慶南南居昌の九歳になる少年の李錄連は父の惡病を治す爲に手を切つて、藥にまぜて進めたので、旌表された。

次は十一歳

朴仁孫とふ十一歳の少年は、父の惡疾を治す爲めに指を切つて藥に交ぜて進めたので父の病ひが快癒した。

孝子の肉塊

朴椅といふ藍山の人は、母の惡疾を治す爲に股の肉を割いて之を進めたので母の病ひが治つた。

其他

此の外病める病母の爲めに指を切つたのは、

東萊（慶南）縣監の息で十一歲になる石根元を初め、十三歲になる慶州（慶南）の許調元および河陽の人、申休、興德の人、吳俊、泗川の人、崔小河、昌州の人、河叔倫其他多數の名前が孝子傳に載つてゐる。

羽衣物語 ＝所は金剛山＝

……母國の羽衣物語と朝鮮の羽衣物語の相違せる点………

……寶物に不思議な甕と天の大釣瓶……泰西の昔物語に似たる所もあり………

……男も遂に天上して目出度く大團圓を告ぐ………

我が母國に羽衣物語として最も人口に膾炙せるは、漁師の伯龍といふ者が、三保の松原で、天女の羽衣を取つた爲に、天女は遂に通力を失ひ、天へ昇れなくなり、餘儀なく伯龍の妻となつて暮らしてゐるうち、子が出來たので、伯龍も安心して、先き隱くして置いた羽衣を見せると、天女は俄かに心が變つて其の羽衣を着て通力を生じ天へ昇るといふ筋である。

母國に傳はる此の物語は、獨り三保の松原のみに止らず、丹後にも、近江にも、其の他各地に此の傳說が殘つてゐる。

朝鮮の羽衣物語は、母國各所の羽衣物語が、多く其の背景を海邊に取り、男を漁師にしてあるに反して、朝鮮のは、其の背景を金剛山に取り、相手の男を樵夫にしてある。曰く、

むかし金剛山の麓に獨身者の木樵があつた。

ある日山で木を伐つてゐると、獐が一頭、何者にか追はれて逃げて來たので、木樵は之を不憫に思つて、自分の伐つた木の下へ隱くしてやると、程なく向ふから獵師が駈け付けて來て、言葉噪はしく

「今しがたこゝへ獐が一頭來た筈なれど御身はそれを知らざるか」と云つたので、木樵は飽くまで獐を助けてやらうと思つたから。何氣なき体を裝ひ

「其の獐なれば、すつと前にこゝを駈け拔けて既に向ふの谷へ走り去つた」

と云つたので、獵師は欺かるゝとも知らず『さらば』と許り、手にせる弓を取り直して、一目散に向ふの谷へ駈けて行つた。

あとで木樵は獐を木の下から出してやると、不思議にも其の獐が人語を發して

『御蔭にて一命を助かりたれば、其の御禮の印までに、貴下に一人の美婦人を取り持ち參らすべし。明日の何時頃、金剛山上の池に行き玉へ、さすればそこに三人の天女、羽衣をぬぎて水浴せるを以て、貴下が其の羽衣のうち一枚を密かに隱くす時は、其の中の一人は天へ昇るべき通力を失ひ、遂に貴下の妻となるべし。されど呉れぐも注意すべきは、貴下と天女との間に三人の子を成すまでは、決して其の羽衣を天女に見せ玉ふ勿れ』

と云ひ終つて、獐の姿は何處へか消ゑ失せた。木樵は大に喜び、早速獐に敎ゑられた通り、翌日其の刻限金剛山の池の邊りへゆくと、果して美しき天女が三人、羽衣を池の淵の樹へかけて、心地好げに水で體を洗つてゐるので、木樵は密かに忍び寄り、其の

中一枚の羽衣を隱し取つて、猶も木影に隱れてゐると。
天女は三人とも池から上がつて、羽衣を著ようとしたが、其の一人の羽衣がどうしても見ゑない。是れがなくては天へ昇れぬので、羽衣を失くなした天女は嘆き悲しんだが、其のうち日も暮れかゝつたので、兎も角二人の天女は、此の由を玉皇上帝に奏上しなければならぬとあつて、恥かし氣に獨り裸で泣てゐる天女を、下界に置いたまゝ昇天してしまつた。

殘された天女は、悲しみに絶ゑず、獨り裸のまゝ池の淵に泣き伏してゐると、時分は好しと許りにそこへ木樵の男が現はれて、親切を盡して天女を勞はり

「實は御身の探がし玉へる羽衣は、仔細ありて我が手に歸したれば、是より御身は天へ昇る通力を失ひ、下界の人となりしを以て、吾れと妹脊の契りを結び玉へ

と云つて、どうしても羽衣を返さぬので、

天女は心ならずも、男に導かるゝまゝ其の家に行つて、とう〳〵木樵の女房になつて

しまつた。其の內歳月の經つのは早いもので、夫婦の間に男女二人の兒まで儲けて、益々其の仲は睦じかつた。

男は既に二人の子まで成したから安心だと思て、つい妻の愛に引かされて、今まで大事に隱くして置いた羽衣を、ある日天女の妻に見せた所が、驚く可し、妻の相恰俄かに變りて、其の羽衣を手早く身に纏ふや、二人の子供を兩腋に抱え、忽ち一陣の風を起して、見る〱うちに天へ昇り遂に最愛の妻子の姿は、雲井遙かに消え失せたのである。

取り殘こされた木樵男は、たゞ呆つけに取られてあれよ〱と云ふのみであつた。

想へば、嘗て獐から、如何なる事ありとも三人の子を成すまでは、心を許るし玉ふなと云はれたのを、つい忘れて、日頃見たがるものだから、うかと見せた所が取り返へしのつかぬ事になつた。

男は手の中の珠を失ひ、身も世もあらず、只管悲嘆に暮れてゐたが、いつ迄なげくも詮なきことゝ、自分で氣を勵げまして、元々通り山へ木を伐りに行くことにした。

すると偶然にも先きの獐に出遇つたので、今は恥も外聞もなく、男泣きに泣て、一伍一什の事情を物語ると、獐も暫く考へてゐたが、礑(はた)と首肯(うなづ)いて『さらば斯くし玉へ』とて

『それは明日の何時頃、例の金剛山の池邊りに行かば、天より大なる釣瓶(つるべ)の降(を)りて來たるを見玉ふべし。此の釣瓶といふは、餘の儀にあらず、嘗て貴下が天女の羽衣を奪ひたるため、天上にては、それ以來下界を危險に思ひ、天人の水浴は一切天上にて爲(す)る事となしたれば、大なる釣瓶を彼の池に下ろして靈泉を汲み上ぐる事となれり。故に貴下は時刻を計りて其の釣瓶の中へ入り玉はゞ、其まゝ天上することを得て最愛の妻子(つまこ)に遇ふの機會あるべし。もと貴下の妻となりし天女が、羽衣を得て俄かに昇天したるは、必ずしも故郷戀しきが故にあらず、天女の身を以て永く下界に止どまるときは玉皇上帝より如何なる咎めを受くるやも知ざるより、是までの事情を具するため其の証據として二人の兒女までも伴ひ行き

たるものなれば、今貴下が天上に於て邂逅ひ玉はゞ、必らず妹脊の契りを永く共に爲し得べし」

と再び敎ねてくれたので、男は大に喜び、翌日金剛山の池の邊りへ行くと、果して大きな釣瓶が天から下がつて來たので、素早く其の中へ入ると、いつしか天國に昇ることが出來て、なつかしき妻子にも久々で遇ひ、終に天人の群れに入つて、天女と終に添ひ遂げたといふ。

（竹取翁物語解）概要……むかし丹波の國ある川邊に天女八人降りて、水を浴びて遊びけり、一人の老翁是れを見て、一人の衣を取りかくす、天女之に驚きて皆飛び去りぬ。衣を隱されたる天女。歎きて衣をこふ、翁の云はく、我に子なし、願くば此の國に留りて、我子に成り給へさ更に衣を返さず、天女力及ばで、翁が子となりぬ、養父が家の貧しき事を憐れみて、酒を造りて賣るに、此の酒を一碗服すれば、百病悉く癒ゆ、是によりて……富貴の家となりにけり、其の後翁天女を厭ふ心ありければ……

……常に蒼天を仰げども、伴ひし處女は見えず、泣く／＼白屋に臥すとも、憐む人稀れなり、昔を忍び今を悲みで讀みける

天原振離見者、霞多地、家路廊余伊氐、行敵不知聞

天女の再生 ＝春宵佳話＝

……玉蓮洞に巫山雲雨の夢……天の玉釵人を欺かず、神女の冤死……奸婦誅せられて……

……芳魂よみがへる……

むかし慶尚北道安東郡の兩班（名門家）李相坤の一人(ひとり)息子(むすこ)に宣根といふ風流才子があつた。家庭が嚴格なので、物の情けを知りそむる歳になつても、只管勉學に餘念なき爲め、女の味(あぢ)などは無論知らなかつた。

ある日書見にも倦きて、獨り机に凭つて、うと／＼すると、夢とも現(うつゝ)ともなく、絶世の年若き美人が現はれて身には霓裳羽衣を纒ひ、楚々として此方に玉歩を移して來る

様は、正しく世に云ふ天女である。其の美人は李宜根の前に來て手をつかへて云ふ様

「妾は上界の天女にして、いま玉皇上帝の結び玉へる奇縁により、郎君の許へ嫁することゝなりたり」

と云ひ終り一禮してソコを立去ると共に雲間遙かに天へ昇つてしまた。宜根は我に返れば、夢の如くにして夢にあらず、現の如くにして現にもあらず、靜かに眼を閉づれば、今の天女の姿があり〳〵と記憶に殘つてゐる。其の時心中に若し之が誠ならば好いがと考へた所が、其の事ありて以來寢ても起きても天女のことが忘れられず、何分世間知らずの貴公子であるから、思ひ込んでは矢も楯も溜らない、密かかに涙乍らに天に向つて天女の再來を願つた事もあつた。此の切なる願が天に感應したるものか、ある日又た夢現の間に天女が現はれて、云ふのには「妾も郎君を慕ひ參らせど、未だ時來らざる爲め、玉皇上帝は妾の下界に下るを許し玉はず、下界の喩へに、桃を植へても三年經ざれば實を結ばずと聞くものを、ココ暫しの間を待ち玉へ、今ま天上の書伯と金

匠に賴みて、妾の畵姿と筆架とを作りてこゝに持ち參らせたれば。之を妾なりと思ひて時節の來るまで御側に置かせ玉へ、また此の家に召使ひ玉へる梅月といふ侍女は容貌も麗はしく、心だても賢き女なれば、妾と逢ふ瀨の來る時節まで、梅月を御側に近付け玉へ」

と云ひて又も雲上に昇り去つた。やがて吾に返れは、不思議や天女の繪姿と、金製の筆架とが前にあつた。

　宣根は夢に夢見る心地して、それより梅月を近付けたが、どうも梅月では滿足ができない、常に氣高き天女の事のみ思ひ續けてゐたので、とう〳〵病の床に就く樣になつた。すると又も天女が現はれて

「ここは俗界なれは、現し身にては君と逢ふこと難し、それ故玉達洞にて、君を待ち參らせ申すべし」

と云つて天に昇つた。宣根は飛び立つ許に喜んで、元々天女故の病氣であるから、父

母には旅行すると稱し其の許を得て從者一名を伴れ、玉蓮洞といふ所に行つた。

さて宣根は、玉蓮洞と聞いたものゝ、嬉れしまぎれにツイ何道何郡何面の玉蓮洞といふ所だかソレを聞くのを忘れたが、兎も角足に委かせて氣樂な旅行を續けてゐた。何しろ今まで家に許り引つ込んで運動不足であつたのが、此の旅行のために毎日愉快な運動ができて、自然氣も暢んびりして來たが、旅費の豊かなのにまかせて、從者と共に、普ねく國内の名所を見て歩いた末、或る所の山水明媚なる仙境に入つた山緑に花霞の如く、清き溪ありて草花の面白く取り〳〵に咲く小道を辿れは、一軒の風雅な樓閣があつた。見上ぐれは其の扁額に『玉蓮洞』と書いてあつたので、宣根は夢かと許り打喜び、足を早めて其の樓閣を訪づれた所が、中で床しき琴の音が聞ゆる。覗て見れば、是れぞ夢寢にも忘れ得ざる意中の天女であつたので、宣根は嬉しさこみ上りて暫しは物も云ひ得なかつたが、天女は早や宣根の來れることを知つて琴の手を休め、靜々と起つて歩を移し、一揖して、しとやかに宣根を吾が室に導いた。室といふのは見眺しの好い坐敷であつて、朝鮮一流の狹苦しき温突建の家屋と異り、前に奇峰幽谿を控へ、庭一面に今や草木の花盛りであつた。女は厚く宣根をもてなしたが、夫婦の契りをすることは、どうぞモウ漸く待つて頂きたしと告げた。それは未だ玉皇上帝の御ゆるしがないと云ふ事であるが、宣根は最早一途に思ひつめた揚句の事とて、無理無態に納得させて、其夜はソコへ泊つた。

しかし天女は未だ上帝の許のないのに人間と遇つたからには、天罰が必す恐ろしいだらうと云つて、それをクヨ〱してゐたが、宣根は、既に斯くなりては、天へ還ることも出來ねば、是より自分と共に我が家に來るべしと云つて、氣の進まぬ天女を遂に吾が家に伴れて還つた。

宣根は歸ると直ぐに父母に對して、今までの一伍一什を語り、天女を妻としたき事を願つた、父母は初めて事情を知り、其の天女といふ女を見ると如何にも氣品があり且つ人間のする讀み書き裁ち縫、一と通りの心得もあるので快く天女を其の嫁に迎へた。

月日の經つのは早いもので、僅かの間に三歳の春秋を送り、今は宣根と天女との仲に一男一女を設くるに至つた。然るに宣根は官吏の登用試驗に應試するため天女の妻を殘して都へ上る事となつたが、宣根は暫しの間も妻と別ることを惜み、一旦出立したものを、途中から密かに我が家へ歸り、妻と再び逢つて其の夜は吾が家へ寢た。翌日も又其の翌日もコンな事を繰り返へして、途中から引返して來ては妻の許へ歸つて密かに泊つた。

之に氣の付いたのは、侍女の梅月である。天女の來るまでは、宣根の情けに浴して、其の覺え目出度かりしに引換へ、近頃は丸で宣根から言葉も懸けらぬので、心中どうかして天女を亡きものにしたいと考へてゐた。ところが宣根が都へ行くと稱して、毎日途中から引返して妻と相曳してゐた事を嗅ぎつけたので、コヽに惡策を回らすに至つた。

一方宣根は妻に名殘りがして毎日引返して來るので、妻も斯くてはならじと、面をおかして早く都へ上る樣に諫めたものだから、宣根は漸く盡きぬ別れを惜み乍らも辛うじて都へ立つた。

是より先き梅月は、前記の如く若主人の都へ立つたのに拘はらず、主人の室で、何事か毎夜ひそ〳〵話の聲が漏れるので、覗て見ると都へ行つた筈の主人が歸つて來て、さも睦じさうにしてゐるので、之を種に若夫人を仲傷しようと試み、宣根の父に向ひて、若き御主人の今朝都へ出立されたる跡にて夜る若夫人が何者か引き入れて密そ〳〵話をして居りますと訴へたので、父は烈火の如くに憤り、コハ今まで猫を被ぶつてゐた所が、伜が都へ立つより早く、急に隱し男を引き入れてゐるに相違なしとて、其の室へ窺ひ寄れば、果して話し聲が聞ゆるので、大に怒りしも、兎に角翌晩試めして見ようとて、翌晩も其の室へ窺ひ寄つた所が、前記の如く宣根と妻とが仲睦じく語り合つてゐるのを、老ひの一徹に伜は都へ立つた事とのみ信じてゐたから、愈々怪しと見て取つた。

梅月には何も彼も承知の上の事で、今度こそは眞實に都へ立つた事が判つたので、其の翌晩村の不賴漢に旨を含めて、若主人の室の傍へ忍び寄せて置き、又も父を誘つて來り、今度は豫ねて合圖がしてあつたから、父の姿を見るや、件の不賴漢は、さも其の室から出た樣に見せて態と戸外へ逃げ出したのである。

父は初め梅月から仲傷して來たときに、宣根の室を覗ては見なかつたが、たしかに話し聲のしてゐた事實を突き止めたる上、其の翌晩も話聲を聞き、每夜同樣の事が繰り返されたので、必定新夫人が外に仇し男を拵へてゐる事とのみ思つてゐた矢先き、突然怪しの人影が現はれて逃げ去つたので。今は一刻も猶豫ならじと、直ちに其の室に入り、新夫人を提へて散々打擲し揚句、速かに隱男の素性を白狀しろと叫斷した。夫人は隱し男など作りたる覺之なしと辯疎したが、父は中々きゝいれず、さらば何故每夜そなたの室にて話し聲が戸外に漏れたるぞと嚴しく詰問したので、其の時夫人は事實有りの儘を云つて終へば好かつたのだが、思へば夫が餘りに未練がましく、幾度も吾家へ立ち返つた事を父に云へば、左なきだに頑固一途の父の事とて夫が父よりドンな怒りを蒙るやも知れずと考へたので、此の事情は仔細ありて夫の歸宅する迄申し上げられませぬと云ひ切つた所が、父は怒るまいことか烈火の如く憤りて、云へぬ事情と云ふのは、伜の歸宅後、巧みに伜を弄絡して、自分の眼を胡麻化す所存なるべし、さらば問はんが、今しがた此の室より怪しの人影の現はれしは何者なるぞと疊みかけたが、夫人は固より梅月の企くめる事抔は知る由もなく、寢耳に水の事とて、如何なる者が叅りしか全く存じ申さずと云ふや、父は最早耐らへ切れず、矢庭に夫人の襟髮を摑んで、

『よくも〳〵此の老父を欺きたる魔性の者！　汝は天女だ抔と白らく〳〵しく、吾が一家を欺きて吾が家に住め込み、伜の世間知らずなるを好き事にして、散々に弄絡せし場句、我が家の財產を橫領する所存なるべし、いで此の上は以後の見せしめに

折檻すへし』

とて又々散々に打据ゑた所が、夫人は父の痛き笞の下から苦しき息を切つて、涙乍らに

『父上いかに仰せらるゝも、身に覺えなきことは、どこ迄も覺えなき事なり、斯くまで疑がはるゝからには、寧ろ死して、あかりを立つるの外なし、就ては臨終の際に父上に御願ひ申し度きことあり。そは妾の挿せる玉釵を拔きて之を天に向つて投じ若し妾に不義の罪あらは、落ち來りて我が胸を刺すべく、我か身潔白ならば、落ちて階石に徹るべし』

と云ひ、玉釵を天に投じたるに、不思議や落ち來りて階石に突き徹つた。母は之を見て、

『斯かる奇蹟あるからには、何かの事情ありての事なるべく、嫁に不義の罪なきこと最早疑ひなし、何卒我身に免じて、伜の歸宅する迄嫁の罪を免し玉はれ』

と、怒れる父を宥(な)だめた所が、父も稍々心動きたるものゝ、又た考へて見れば、毎夜の怪しき話聲と云ひ、今現在に怪しき人影を認めたのであるから、疑つて見ると此の玉釵(かんざし)を石に突き通した事も、或は妖婦の手品ではあるまいかとも思はれた。

しかし夜も遲いので、其の場は一同を促して立ち去つてしまつた。

翌朝になると大變な騷ぎが持ち上つた。二人の子供が夫人の寢室へ行つて見ると、若き母は咽喉を突て既に自殺を遂げてゐる。

やかて老父母や婢僕などが此の變事を聞て、直ちに駈け付けて見ると、室內は些しも取り亂したる事なく、馥郁たる香の薫りが先づ一同の鼻を衝く、夫人は形も亂ださず從容として、懷劔にて咽喉を貫ぬき、紅(あけ)に染んだまゝ、既に絕息(こときれ)てゐた。

老母は流石に女氣の、こは取り返しの付かざる事を仕出(して)かしたりとて、嫁の遺骸に抱き付き、聲を限りに號泣し、二人の子供も、母さま何(ど)うかモウ一度生き返りて玉はれと、泣き叫び、居會はしたる多くの下女下男も、夫人がマサカ不義を働く事はあるまじ、是には何かの深き事情あるならんと、獨り梅月を外にしては、一同何れも新夫人の寃に同情したのであつた。

ところが不思議！　其の遺骸を納棺しようとして女の手に持つた懷劍を離さうとしたが、どうしても離れぬ、それのみならず遺骸は磐石(はんじやく)の如くになつて、動かさうとしてもどうしても動かない。それ故餘儀なく、あたりを綺麗に清掃し、其の室に遺骸を安置し、兎も角宣根の歸るのを待つて居た。

さるにても老父は、倅の身の上を思ひ、折角娶りし妻なれど、最早斯くなりては、如何とも詮術(せんすべ)なし、故に倅の歸らざる前に、適當の嫁を探して倅に娶はす事とすへしと考へたので、色々嫁の候補者を探した所が、何分慶尙道で有數な名門家であるから、嫁の候補者は降る程ある。中で慶尙道一の美人と云はるゝ或る名門家の秘藏娘を貰ふ事にして倅の歸るのを待ち受けてゐた。

話替(はなしかは)つて、倅の宣根は、都で首尾よく試驗に登第したので、是を何よりの土産にして、老ひたる父母や、最愛の妻を喜ばせようと思つて、驢馬に乘つて、夜を日についで歸宅して見ると、自分の居ない僅かな間に、取り返しのつかぬ變事の出來た事を初めて聞いたので、大に驚き嘆き悲しんだが、事既に遲く、此の上は亡き妻の、とひ弔ひを懇ろにする外なしとて、妻の遺骸の安置してある室に起臥し、父の新らしく迎へて呉れた新嫁の事などは殆ど齒牙にかけず、日夜悲嘆に暮れてゐた。

ある夜夢枕に立つたのは、此の世に二つなきものとして最愛しゐたる彼の天女の亡妻であつた。天女は宣根に向つて、さめ〴〵と其の寃を訴へ、且つ云ふ樣

『妾こと自殺して幽魂天に昇り、玉皇上帝に謁したる所、上帝の宣はせらるゝ樣、汝の下界に降るは時機猶早しと、呉れ〴〵も申し聞かせたるに、汝は其の言に背きて、人間の情にほだされ、夫婦の縁を結べるため、人間界にて斯かる非業の最期を遂げしは、皆其の罪の爲せる報ひなり、されど汝が夫を思ふの情切にして、夫の爲めに寃を被りたるは、情に於て酌むべきこともあれば、此のたびは特に赦して、再

び魂魄を人間界に下し、李宣根と百年の契りを結ばしむべしとの宣托ありしを以て、妾は天下晴れて愈々御身の妻となるべし、就ては妾を陥れたるは侍女梅月の爲せる業なれば、梅月を殺して、其の腸を妾の遺骸前に供へらるゝ時は、再び蘇生すべし」

とて、梅月の奸計を逐一告げたので、宣根は度重なる奇夢の靈驗を認めてゐるため、己れ憎きは梅月なり、いで物見せて呉んと、翌朝父に此の事を物語り、父と共に梅月を呼んで、問ひ訊した所が、初めは、知らぬ存ぜぬの一点張りであつたが、遂に事の次第を白狀し、且つ頼みたる村の無頼漢の名さへ自白したので、早速其の無頼漢を伴れ來て、對審した所がソレに相違ない事が初めて判明するに至つた。

もはや、斯くなりては、何の假借する所あるべき、宣根は、怒り心頭に發して、梅月を遂に殺害し、夢の告げにあつた通りに、其の腸を妻の遺骸の前に供へた所が……………不思議にも…………今まで死蠟の樣に固く蒼ざめてゐた、亡妻の顏に薄紅の色が次第にさして、閉ぢたる遺骸の兩眼がパッチリあいた。

さうして咽喉(のど)の傷はイッしか癒ゑて、手に堅く持つてゐた懐劒をバッタリ放した。

さあサウなると一家は、ひつくり返る樣な喜びの聲に充ち、天女の妻は芳魂再び下界に戻りて、是まで通りな貞淑なる良妻賢母となつた。

それに就ては二度目に貰つた嫁の仕末であるが、此の婦人も流石名門の出なるに恥ぢず才色兼備なる貞婦であつたので、之を右夫人となし、李宣根も其の後都へ出て、官位も追々進むにつれ、程なく要路の大官となり、左夫人、右夫人共に貞節を盡し、又た老父の李相坤は郷閭に於て、相變らず名門家として畏敬せられ、長壽を重ねて一家富み榮ゑたとは目出度し〳〵。

平壤の妓

平壤の名妓に、勝小蠻なるものあり、偶々京城より來れる高官ありて、蠻に意を屬し、官威を以て強て枕席に侍せしめんとしたるも、蠻に押客あり、高官の醜陋なるた怒り、俄に遁れ去る。高官詩を賦して曰く。

平壌佳兒勝小瑩、年纔二八玉容顔、縱然未遂元央夢、却勝高唐夢裡看。

貞婦の念力 ＝朝鮮の操鏡＝

……薄命の佳人……尼となりて……一家の悲運を救ふ……父祖代々に纏はる不祥の奇緣も爲めに一掃せられて一門榮光に滿つ……

これは妓生の身を以て、烈女なりとして旌表された女の話である。

むかし都に門地の高き家柄の獨り息子(むすこ)があつた。ところが此の家は代々不吉な事が續て、其の曾祖父も其の祖父も其父も代々妻を娶つて男の兒を產めば必ず死亡するの例であつた。故に此の獨り息子は妻を娶つた事は娶つたが、決して枕を交はした事がなく、怏々として其の日を送つてゐた。母も之を哀れに思つて、常に慰めてゐたが、いつそドコかへ旅行したら又氣も晴れることが、あらうと云ふので、母からも妻からも勸めらるゝまゝ、幸ひ伯父が平壌の[illegible]てゐるので、憂さ晴らしの爲めに平壌へ旅行する氣になつた。

平壌の伯父は、久々で甥が都から訪ねて來たものだから、種々[illegible]なして、日夜土地一流の美妓を大勢侍らせて愛甥の旅情を慰めた。併し乍ら其の息子は親代々の惡緣があるから、決して女の肌に觸れる樣なことはしなかつた。息子はツイ面白きまゝ伯父の家に永逗留(ながとうりう)してゐると、自然土地の官人とも懇意になつて、折々多くの官人と宴を共にすることがあるが、何故か女嫌ひで通つてゐるので、官人等は物好きにも是非美妓を一名取持たうとして、ある時其の人達の宴會のあつた折り、土地の妓生といふ妓生を總揚げにして、誰か此中で彼貴公子をして情を許さしむる者があつたら、其の手柄を勞ふために吾々一同で生涯何不自由なく暮らさせてやると云つた。坐中の妓生は是までのことがあるので、誰一人返答をする者が無かつたが、中に年まだ二十歳に滿たぬ美妓が進み出でて、妾(わらわ)こそ其の大役を御引き受け申すと云つたので、一同大に輿に乘り、然らばとあつて、其の妓生は翌日から、腰元といふ名儀で息子の居る地方長官の官邸に乘り込み、まめ〳〵しく息子に寄り添つて仕へたが、遂に其の情けに預かることが出來なかつた。

かくて最早二年も過ごしたので、其の息子は故鄕の都へ歸ることになつた。之に對して失望したのは彼の美妓である。愈々出立といふ時に、初めて戀せる意中を物語り、せめて此の上は都へ行きて御側で一生を送る覺悟であると涙乍らに云つた所が、息子の方では、まだ平壤の官人たちが、自分の爲に斯かる企てをしたとは夢にも知らぬので、心中に妓生の手管であると思つて『自分の樣なる者に斯くまで執心の女ありとは未だに知らなかつたが、若し訪づねて來たらイツでも吾が家へ引き取つてやる』と串談まぢりに言ひ放ちて、自分の家の町とところ番地迄詳しく敎へてやつた。

さて息子は久々で吾が家へ歸り、母や妻孫と旅先きの面白い話をしてゐた所が、二三日經つと突然其の女が平壤から訪ねて來たので、驚いたが、母親は其の女の氣質も至極温順なので、家に、妾として置くこととしたので、家内は俄かに陽氣になつた。

然るに息子は、つら〳〵考へて見るのに、自分は男と産て殊に人並み外づれた美人を妻にしてゐるのみならず、自分を慕つて遙る〴〵遠い平壤から來た美しい女もあるのに、何の悪縁か婦人の肌に觸るれば、父祖代々共に夭折すると云ふのは誠に不運な次第である。併し人として人らしいとが出來ずに此の儘一生を送つたとて何の面白い事があらう、儘よドウなるものか、今宵は積年の戒めを破つて、妻なり又は平壤から來た女なりと添ひ伏しを遂げて見ようと云ふ心が起つたが、思ひ直して是は自分が悪るかつた、こんな考への起るのは世に云ふ魔がさしたのだらうと思ひ返して、猶は父祖代々の誡めを守つてゐた。

ところがドウした機みか、一夜煩惱がむら〳〵と起つて遂に妻と親しき枕を交はした。

其の夜の夢に、亡父が老神から詰問されてゐる所を夢みた。老神曰く

『汝の子は遂に誡めを破つて女の肌に觸れたのであるから、是より其の妻に男の兒を授けて、今年中に汝の子の命を申し受くる事になつた』と、いとも嚴そかに申し渡したので、亡父は涙ながらに

『神よ、何卒宥るさせ給へ、われ今幽冥界にあつて如何なる苛責を受くるも厭はざれば、どうぞ吾が子の一命のみは助けさせ玉へ』と、頭を地につけて哀訴したスルト老神も、亡父の子を思ふ至情に動かされてか

『さらば、願ひを容れて一命だけは助けてやるが、其の代り、汝の子の手で惡人の首を斬つて捧げねばならぬ。それは明朝汝の家の前を刀屋が通るから、汝の子は其の刀屋を呼ひ込んで成るべく切れる刀を買つて、其の枕許へ刀を置いて寢ると、必らず惡人が忍び入るから、直ちに其の刀で惡人の首を刎ね、それから、スグに家出をして當分行衞を晦まさねばならぬ』と、亡父は之を謝して幾度となく叩頭をしてゐるうちに夢が醒めた。

翌朝に至るまで不思議な夢を見るものだと思つて、ぼんやりしてゐると、果せる哉、早朝刀屋が家の前を通つた、息子は昨夜の奇夢が只氣に掛るので、すぐに刀屋を呼ひ込んで、斬れさうな刀を一本買ひ求め、どうなる事かと只管打ち案じて夜に入り、それより寢室に入つて夜を更かした所が、不思議にも夢の御告げにあつた通り、一人の異しい男が、自分の寢所へ忍び入らうとしたので、ただもう悉事夢の知らせの通りなるに驚き、前後の思慮もなく、其の男を一刀の下に斬り殺して、幸ひ家人も氣付かざるまゝ豫ねて用意の旅仕度を整へ吾が家から一目散に逃げ出してしまつた。

是より先き、息子は跡の事が面倒だと思つたので、自殺したる如く装ふ爲め賊の首を刎ねて、首無しの賊の屍體に自分の著物を著せて賊の首を持つて逃けたのである。

翌朝になつて家人が起きると大騒ぎになつた、主人が何者にか殺害されて、首をドコかへ持つて行かれたといふので、家中は上を下への混雜を極めた。併し屍體を能く檢らべると、どうも主人の屍體ではない、これは何でも替へ玉であつて、主人は何かの事情で人を殺した爲に、殺した相手の首を攫つて逃げたのであらうとの鑑定がついた。

之に對して一家の悲嘆は去る事乍ら、中にも彼の平壤から訪ねて來た妓生は、一夜の情けも蒙らずにコンな事になつたので、非常に嘆き悲しみ、此の上は例令草を別けても、主人の在所を探し出すより外なしと、健氣にも決心して、綠の黑髮を惜し氣もなく剃つてしまひ、尼となつて、息子の母に暇を貰つて、何處をあてともなく其の行衞を探しに出た。

女は尼となり、麻の法衣を身に纏ひ、きのふに變る乞食同樣の姿で、諸所方々を尋ね步くこと遂に一年有半に及んだ。

もう尋ねあぐんでトある一軒の家の前に立つて、例の如く食を乞ふた所が、そこの主人らしい人が出て來て、つく〴〵女の顏を眺め、さて云ふ樣

『そなたは、見る所下賤の者とも思へず、察するに、早く夫を亡ひて、其の菩提を弔ふ爲め一念發心して尼となつたものであらう、併し斯くまで、貞節を盡して旣

に一度尼となりたる上は、定めし地下の亡夫も滿足するであらうから、もう還俗してはドウである、幸ひ自分は先年妻に死別れて今は一人の息子と共に暮らしてゐるが、何不自由なき身分であるから、子供の世話をしがてらに自分の後添になつて呉れまいか」といふことであつた。

云ふ節々に何となく温情が籠つてゐるので、女は固より其の主人と夫婦になる氣はないが、コヽで下女代りに働てゐれば、また何とか尋ねる人に遭へるかも知れぬと思つたので。

『さらば、仰せに甘へて御當家の御厄介に成るべけれど、尼僧には尼僧の堅き規則があつて、髮の延でるまでは決して夫婦の固めをする事が出來ませぬ、併し三月も經ては此の髮が延びるでせう」と云つて、其まヽソコの家へ身を寄せたのである。其の家は成る程生活も不自由なく子供といふのは、近所の書堂（學校）に通つてゐた。ところが此の子供が父へ話をするのを聽くに、蟲の知らせか、其の書堂の教師と云ふのが、どうも自分の尋ぬる戀人の樣に思はれるので、主人にも相談の上、子供の教師を或日招待して饗應することにした。

翌日待つ間遲しと來たれる教師を垣間見に見れば、果して是れぞ今まで憂き苦勞を積んで尋ね拔いてゐた我が戀人であつたので、女は雀躍りして之を喜んだ。

しかし不躾けに、散切頭のままで、其の坐へ飛びたす事もならず、其の日はドウする事も出來ぬので其まゝになし、是までの事情を明細に認ためて紙捻りとなし、ソレを煙管の中へつめて、翌日子供の學校へ行くとき、是は先生への贈り物なりと云つて持たせてやつた。

今は此の村の學校の教師をしてゐる、彼の名門家の息子は、其の煙管を貰つて煙草を吹はうとしたが、どうしても煙が來ない、よく見ると中に紙捻が這入つてゐるので、何の氣なしに引き出して見ると、驚く可し、先きに自分を平壤から戀ひ慕つて來た妓生の手紙であつたから、取る手遲しと讀んで行くと、是までの憂き艱難の一伍一什から、家には母と正妻とが、あけくれ、泣きの涙で暮らしてゐるとの事を述べ最後に今宵村外づれの城隍堂（道祖神）で待つてゐるから、どうか一所に都へ還つて老ひたる母様に安心させて下されと書いてあるので、息子も今更ら老ひ先き短き親の事を打ち案じ、遂に意を決して都へ還る事にした。

夜に入つて城隍堂の在る所へ往けば、女は早くも身仕度を整へて待つてゐた。互ひに相見て暫しは言案も出なかつたが、斯くてはならじと、積る話は道々で語り合ふ事とし、ちつとも早く見付からぬうち、手を取つて二人は無言のまゝソコを立ち去り無事に漸く都へ還つた。

それより息子は、母に孝養を盡し、本妻と平壌から來た妾との仲も好く、一家睦じく暮らしたといふ事であるが、其の兩女の間に子供が大勢出來ても、主人の身には別に異常なく、八十幾歳の天壽を完ふしたといふ事である。

是より先き此の事が官に聞えたので、勅命を以て其の平壌の女を旌表したといふ、因に先に主人が生家を逃亡したとき殺した男は平壤の官人であつて、妾となりし女に懸想したが女が應ぜぬので、其の主人を殺したら女が靡くだらうと思つて殺しに來た所が、あべこべ　主人の爲に殺されたのである。

武士の妻 ＝夫は高揚子＝

……貧乏な兩班の妻が貧苦故の出來心……タッた米一と掴み……

或る村の百姓に貪慾で金を溜める一方の男があつた。さうして此の男は其の上に、人の物を見ると盗みたいといふ厄介な病ひがあつた。

それに引換へて隣りに住んでゐる兩班（名門家）は、誠に潔白なんであるが、どうも貧乏が身に付き纏つて、今では家財もスッカリ賣り拂つて、殘つたのは僅かに一個の食鼎のみであつた。ところが隣家の强慾な百姓は、其の食鼎に目を付けて、いつか之を盗まうと思つてゐた。或る夜おそくなつて、ひそかに隣りの兩班の家を窺ふとマダ兩班夫妻は寢ずにゐる樣である。戸の隙から覗くと兩班は一用懸命に書見をしてゐる。さうすると、兩班の妻が臺所でお粥を拵へて、大きい椀と小さい椀に二杯盛つて兩班の所へ持つて出た。兩班は怪訝な顔をして『たしか家には米の有るべき筈がないのに何處から米を持つて來た』と聞いた、妻は『すこし都合して漸く五合の米が手に入りました』と云つた所が、兩班は疑つて『吾家で五合の米と云へば、大變な贅澤な物だが、どうして、お前はソレを工面したか、その出所の判らぬうちは、例令飢ゑ死をしても此の粥を食べぬ』と云ひ出した。妻は『實は何をお隱くし申しませう、今日は愈々食べるお米が無くなりましたので、惡い事とは知り乍ら、隣家の百姓家に、丁度お米が澤山叺へも入れずに積んでありましたから、つい一摑み持つて來て炊いた所五合ばかりのお粥が出來たので、それを持つて參つた譯で御座いますが、併しお隣りからは裁縫賃を貰ふのがマダありますから、貰つたら事情を話して御返し申すつもりで居りました』と恐る〳〵と云ふと、其の兩班は、怒るまいことか、〳〵、いきなり妻に捧を持つて來いと命じ、其の捧を取るより早く、妻を散々毆つた。曰く『

貴樣には、此の家柄が判らぬか、隣りの農家で粒々辛苦の揚句に米を作るのは、何も隣家に住む貧乏士族を養ふ爲めではない。また仕立て代の貸しがあるとか云つたが、貸しは貸で、なぜソンなら斷はつて貰つて來なかつたか、如何に飢餓に迫ればとて、斯んな不淨な粥が食はれるか」と云つてうまさうに出來た許りの粥を棄てさせて了つた。

跡では兩班が、武士は食はねど高楊子で、平氣で書見を續けてゐる。其の傍では妻が泣き伏してゐるといふ光景である。

此の有樣を最初から覗て聽いた、隣りの百姓は、つく〴〵其の樣子を見てスッカリ感心してしまつた。

すぐに家へ歸つて、飯を炊て美味しいお菜を添へて、兩班の家へ持つて行き『どうか之を食がつて下さい』といふので、兩班夫婦は呆れてしまつた。日頃强慾な隣家の百姓が、氣でも狂がはぬ限りは斯んなことをする筈はないから、兩班は之を辭退して

「折角ではあるが、人様より只飯を貰ふといふ事はないから申し受けぬ」と云つて、どうしても食べて呉れないので、百姓は玆に至つて、是迄の事をスッカリ白狀して」實は悪い事とは存じ乍ら、お宅で何か高い聲がするので、戸の際から覗て聽いて居りました所が、これ〳〵の次第で、誠に何とも流石は四民の上に立つ兩班の御方だと感じて、實は急いで、飯を炊いて參つた次第です」と云ひて痛く兩班の高潔な氣分に感じ、涙を流して其の德に服したので、兩班も初めて事情が判つたから『さらば快く其の飯を受くるであらう』と云つて之を受納した。

それから百姓は、此の一事に感服して、兩班の家へ色々の物を贈り抔し、兩班も亦、百姓に道理を敎ねて非常に親しくなつたが、いつとはなしに其の兩班は百姓の世話で色々な儲け仕事に有り付き家も豐かになる事ができた。

非人の復讐

京城に名妓あり、名を可拾といふ。一夕路傍に仵作人（屍髏を片付ける奴）の屍髏を負ふて去るを見て、曰く、長安の女子、何者か如斯き奴輩の妻となるものあらんやと。其の男之を聞て大に怒り、數日を經て、人の衣冠を借り、人の重貨を借り、以て可拾を聘す、加拾之を知らずして同衾したるが、其の男別るゝに臨み、美しき布帛を以て包みたる一物を與へて去る。後ち之を開けば、死兒の屍髏なりしと。

春香傳　＝名篇の梗槪＝

…………お雛樣のやうな想夫戀……燭涙落時民涙落…………

……罪なくして囚はれの身となりたる娘は……身の首枷を指さして……涙ながらに……

……母さま…………憂ければ暫ばし支いて給はれ…………歌聲高き處怨聲高し……

…………天誅踵を回らさず暴吏捕はる……母國の落語に聽く滑稽事…………

是は有名な『春香傳』といふ物語の荒ら筋のみを摘記したものである。

全羅南道南原郡守の一人息子で、李夢龍といふ秀才が、十六歳の春、土地の元妓生月梅の娘春香といふ是れも二八の春を迎ねた美人と戀に落ちて、こゝに二人は春香の母月梅の取り持ちで二世も三世も變らぬ仲となつた。

是れが滿足に添ひ遂げられて、俊秀の才子と絶世の佳人とが、苦もなく、お雛さまの夫婦になれば、別に不思議はないが、兎角世間の事は、古い譬へだか、花に風雨の恨みがあつて、歡會盡き易く、良緣まどかなり難き所に幾分の妙味もある。

いきさつの起りは、李夢龍の父なる郡守が、中央へ轉任したので、勢ひ李夢龍も父に隨て都へ上ぼる事になつた。そこで春香と盡きぬ別れを惜しむ件が宜しくあつて、李夢龍は都へ上はり、一生懸命勉學したる効果空しからずして、乃父の光もあつたのであらうが、芽出度く高等文官試驗に及第して、暗行御史といふ、重に地方を巡回して地方官の動靜を探ぐり、秕政を檢擧する役目を仰せ付かつた。

話替つて、春香は夢龍と別れてから、かねての約束もある事ゆへ、成るべく汚い著物を著て、髮も梳らず、召使ひ樣な働きをして、ひたすら夢龍の便りを待ち焦れてゐた

然るに夢龍の父に代つて來任した南原郡守は、非常に貪慾な好色な男で、早くも春

香に目をつけて意のまゝに仕樣としたが、春香は何うしも聞き入れず、偏に夢龍からの好き便りを一日千秋の思ひで待ちあぐんでゐた。

後任の南原郡守は、春香が自分の意に隨はぬのは前任郡守の倅といふ情人がある事を春香自身の口から聞いたので、大に怒り、斯くなりては、地方長官の職權を以て、是が非でも我が意に隨せんと思ひ、罪なき春香を遂に牢獄に投じてしまつた。

春香の母なる月梅は元々妓生上がりで、何の節操もない女であるから、娘が郡守の云ふ通りになりさへすれば、自分も榮耀榮華が出來、娘も幸せになると思つて、牢獄に繋がれてゐる娘に面會しては頻りに郡守の仰せに隨ふ樣に說き勸めて見たが春香は頑として應じなかつた。

一方暗行御史といふ職に就き、地方官の惡事醜行を直接裁斷し得べき重き役目を仰せ付かつた李夢龍は、諸所を巡察して故鄕の南原に來た。

固より隱密の樣な役目であるから、乞食に身を窶して、農夫の語り合ふ所を、密かに聴くと、驚くべし、農民は口々に新任郡守の悪政を罵つてゐる。聞けば聞ほど苛斂誅求至らざるなく、殊に何日は郡守の誕生日に當るので近隣の郡守を招待するとて又々尠なからぬ御用金を仰せ付けられたが、其の金の工面に難澁してゐると云ふ様な事を聞き込み、又農民の口より、春香が郡守の意に随はぬため牢獄に繋がれたといふ事まで判つた。

夢龍は驚くこと只ならず、初めて春香の身の難儀を聞ては寸時も猶豫ならじと決意し、尚も精細に南原郡守の非行を調査した所が其の罪狀非常なもので悉く充分なる確證を握りたれば、愈々南原郡守を罷免の上直に捕縛し、之を中央に送りて斷罪せんと決心したので、隣郡なる某郡守訪づれて、内意を明かし、南原郡守を捕縛するため多くの人手を借りる事を頼み、恰かも先に農民等の語り合つてゐた、誕生日の宴會の日に之を決行する事に手筈を定めた。

それから夢龍は久々で吾が故郷へ歸つて見ると、なつかしい昔の面影が、方々に其まゝ殘つてゐるので、我を忘れて眺めてゐると、向ふから來たのは、たしかに見覺ゑのある、我が戀人春香の家の下僕であつた。今しも其の下僕は春香の手紙を都の夢龍に屆けんとして行く所であつた。下僕は初め李夢龍とは氣が付なかつたが、さう云はれゝは成る程前郡守の子息であつたので、手紙を直ぐに渡したものゝ其窶れ果てた身裝を見ては俄に蔑すんだ態度を示した。

夢龍は戀人よりの、なつかしき文を久々で見て驚いたのは其の後の一伍一什である。毎日／＼責め苛いなまれてゐるといふ事が判つたので、取敢ねず下僕に別れて母親の月梅の家を訪づれ樣と思つて、勝手知つたる家であるから門を入つて奥へ行くと、奥の一間で月梅が獨り言を云つて呟いてゐる。

「娘の春香も困つたもの、それにつけても憎いのは李夢龍である、都へ立つてから一片の便りさへなく、定めし今頃は都で春香に増したる花ができたのであらうそれに引換へ春香は律氣一片に、あんな子供の樣な者を思ひつめて、最う此まゝにして置けば、牢屋の中で死んでしまうかも知れぬ、思へば我が娘といひ、自分といひ、誠に不憫なものである』

と云つてゐるので、夢龍は左あらぬ体を裝つて戸を叩き『飯の餘りがあつたら、頂かして下さい』といふと、月梅は戸外に人のゐるのに初めて氣がつき甲走つた聲で『此の心無し奴が、此の取込の最中に乞食に遣る樣な飯はない』李龍は尙も執拗く『飯がなければ酒、酒がなければ錢を惠まれよ』といふに、月梅は心中に

『さては乞食ではなかつたか、近頃春香の監禁されて以來、夜となく日となく無賴漢が來て、金を幾ら出せば春香の放免になる樣にしてやるとか、又は春香を女房に呉れゝは、乾度牢屋から助け出してやる抔と欺ましたり脅かしたりするのが常であるが、今しも亦無賴漢が來たのであらう』

と思つて、戸をあけて見ると、前郡守の子息として飛ぶ鳥も落ちる許りの勢ひであつた李夢龍が、零落れるにも事をかいて、見るも穢がらはしき乞食の姿で立つてゐるの

で、之を見た月梅は、腰を拔かさん許りに驚いた。月梅は呆れて物が云へず

『あゝ我が娘の春香は、どうした親不孝な兒であらう、今に便りがあると許りで待ち焦れてゐた其の人は、乞食になつて遇ひに來た。自分の家も代々妓生であるが、妓生に何の節操が要るか、祖母も母も妓生であつて、自分も嘗ては妓生であつたが、貞操抔を守らぬか爲め、却て吾家は繁昌したのに、娘が馬鹿な要らぬ節操立てをした揚句、とう／＼我が家も貧乏してしまつた、それにつけても我が娘の春香に乞食の情人を見せて遣りたいものだ』

と云つて、昔は郡守の令息といふので、下へも置かず、もてなしたものが、此の變る姿を見ては愛憎を盡かし『折角來りしものなれば、冷飯なりと、ふるまふべし』といつて、乞食に物を與へる樣に、汚い器へ冷飯を盛つて、腐りかゝつた漬物で飯を食べさせた。

夢龍は何事も云はず、飽くまで乞食で押し通し、軈て月梅に伴はれて、春香の監禁されてゐる牢屋へ行つた。まさか牢番も暗行御史といふ恐ろしい役人が、姿を窶つ

して牢内の様子を見屆けに來たとは夢にも知らぬから、月梅の家の下僕が來た位に思つて、別に氣にも止めなつた。

月梅は囚はれの身の娘春香を李夢龍に引合はせた。

『娘よ、そなたは能くも辛抱して、乞食の情人の來るのを待ちたるものかな、見らるゝ如く、そなたの戀人は斯くも零落して歸つて來たから、よく其顏を見るかいゝ』

見ると春香は首架重たげに、顏色蒼ざめ、只無言のまゝであつた。やゝありて、

『母上、明日は郡守の誕生日にて、妓生といふ妓生は悉く召し出だされ、妾も亦首架のまゝ酒宴の席へ引き出さるゝ由なれど鐵鎖重くして歩行に耐わず、母上、何卒明日は此の首架を支わられよ』

と云ひ終つて、あとは噓泣をするのみであつた。夢龍は固より無言である。併し心中既に決する所があつて、明日は必ず暴虐なる郡守を懲らすべき手順が出來てゐるので

、心の中で『哀れなる戀人よ、明日は必ず御身の仇を報じて、青天白日の身となすべし』と思ひ乍らも、態とトボけて月梅を促し、いざ吾家に歸るへしと云へば、月梅は、呆るゝ許りで、能くも此の唐變朴が、圖々敷くも、自分の家を吾家なりと云へた事かと思ひ、

『吾か家なり抔とは以ての外なり、汝は是より軒下へなりと勝手に寢るべし』

など散々に毒吐いた。兎も角いくら何んでも昔の事があるから、まさか軒下へも寢かされず、物置小屋同樣の所へ泊めて、其の夜も殘飯と漬物を食べさせて寢かしてしまつた。

あくれば南原郡守の誕生日で、郡衙は此の祝賀宴の爲に、近隣の郡守抔がソレ〲祝ひ物を持つて來る、之に隨ふ從者も多く、南原邑は非常なる賑ひを呈した。

李夢龍は豫ねて隣郡の郡守と打合せてあつたから、其の日は隣郡の捕吏が多數邑內に入り込んで、從者の郡れに交つて、今や遲しと、夢龍の合圖を待つてゐた。

夢龍は相變らず乞食の風で、密かに裏門から忍びて庭内に入り、今度は大手を振つて、案内なしに宴會の席に入つて來た。主人役の南原郡守は、見ると驚いたのは、乞食が平氣で宴會の席に現はれたので大に怒り『誰ぞある、斯かる忌はしき者を庭内に入れしは、早速引立て放追すべし』と吐鳴ると、酒も既に一と渡りは、廻つてゐるので物好きの某郡守が夢龍を見ると、其の相貌が氣高く、只の乞食とは受け取れねので之を止どめ『こいつ中々面白き奴、今見る所尋常の乞食と異る所あり、何々坐興なれば、此奴に詩を作らせて、作り得ざる時は追放するも遲かるまじ』と云つたので、一同醉が廻つてゐるから『これは面白き思ひ付きなり』と賛成したので直ちにソコへ硯が出る、筆が出る、紙が出ることになつた。夢龍は豫ねて期せし事とて、墨痕鮮やかに

金樽美酒千人血。　玉盤佳肴萬姓膏。
燭涙落時民涙落。　歌聲高處怨聲高。

とやつてのけた。一同之を見て驚嘆すること啻ならず。呀つと許りに感に入りたる時しもあれ、夢龍の合圖と共に門外に聲ありて

「御史入りたり、御史入りたり」

と高らかに呼ぶが否や、豫ねて牒め合せてあつた、隣郡の捕吏が多數入り込んで、忽ち夢龍の身邊を警護し、ここに始めて先きの乞食は御史であることが判つた。

春香傳に此の刹那に於ける光景を叙して、堂上の郡守色を失ひ禍の身に及ばんことを恐れて、慌てふためき何れも堂上より下りて、從者を喚び、或は輿に或は馬に乘りて一散に走り還りたるが、中に某郡守は狼狽の餘り、驢馬を後ろ向きに乘つて首を鞭で叩いた杯といふ滑稽も演じられた

（編者曰く、あわて者が馬にアベコベに乘るといふ事は我が母國の落語講談等にもヨク用ゐられてある）

夢龍は身分を証明する馬牌を示して、嚴かに南原郡守に臨めば、郡守は俄かに顔色蒼然として只ふるへてゐるのみである。

そこで夢龍は上席に著坐し、郡守の斷罪をなし、更に監獄より四人を一人〳〵呼び出して、御史自ら裁斷するに大方は無罪の者が多かつた、最後に春香の順番になつて、云ふにや及ぶべき、忽ち無罪を宣せられて、春香はこゝに始めて靑天白日の身となりしか春香傳のソレから先きは、南原郡守が服罪して刑に就き、春香は多年の苦心空つたらずして、李夢龍の正妻となつたといふ目出度し〳〵の大團圓で終を告げている

女房と米＝叱られ亭主＝

……米を盗まれたのは知つてゐるが女房に叱られるのが、こわいから……

おそろしい女房に惚ろい男があつた。ある朝女房が起きて米櫃を見ると米が大變減つてゐるので、下女下男を叱り飛ばしてゐたのを聞いた。亭主は恐る〳〵女房の前へ手をつかへて『其の米を盗んだ者なら、知つてゐます』女房は呆れて『お前さん、それを知つて、なぜ默まてゐるんです……一体其の泥棒は誰ですか、お云ひなさい』

「あの女中のお竹です」「それをなぜ妾の氣の付くまで默つてゐるんです」「いゝね、夜中に盜んだのを知つてたが、お前がアンマリ能く寢てゐるので、起すと、若しか怒こられやしないかと思つて……………」

婚禮虎物語

……餘程變つてゐる朝鮮の婚禮……强い花嫁の働き……

……引出物に雉と古酒……儀式の席に位牌を飾る……三日がゝりの儀式……

……男優りの花嫁……虎に引ずられて十何町……是れが眞つたくの虎口を逃かれた花嫁花婿……

これは婚禮の晩に虎が暴ばれ込んで婿を攫つて行つたといふ如何にも朝鮮らしい話

順序として朝鮮の婚禮の話から

一体朝鮮の婚禮は內地の人の想像もつかぬ程六づかしいもので、餘程變つてゐるから、ざつ　儀式の模樣を御話申して見よう。成る程今日こそ萬事內地化して、鮮人諸君の中で、京城神社へ行つて、神前結婚でも行はうかといふ時代に進んだが、昔は中々大變なもので、結納の取交はしが濟んでから愈々黄道吉日に結婚の式を擧げても、一日では濟まない。先づ嫁を貰ふとしても、最初結婚式の日は婿が嫁の家へ行く、其の時持つて行く物が面白い、内地ならば高砂の島臺とも云ふべきもので、結婚の式には是非なくてならないといふ『雁』である、是れが木で出來てゐる。諸君が京城鐘路の『貰物店』といふ、葬式の道具も貸せば婚禮の道具も貸す店（貰とは貸の意）へ行くと飾つてあるが、木で彫つた鳩の様なものである。今でも婚禮には此の木の雁を使ふが、之は損料で葬式の道具と同様に、儀式が濟めば貰物屋へ返へす。其の儀式に入用な木彫雁を、雁失といつて、婚禮の行例の人足が恭やしく持つて、行列美々しく婿は嫁の家へ行く。それからドゥ云ふ譯か其の雁に饂飩を食べさせて返す習慣がある、ソレは後の事だが、新婦の父母は花婿を迎へて、こゝで奠雁式といふ儀式がある。其の次に今度は、嫁が髮を結び初めるのである、婚禮の儀式の中で、髮を結ふと云へば、すこし變に聞へやうが、決してさうではない、婿の顔を見て初めて新婦となり一人前の女になるのたから、ソレ迄は態と垂髻にしてゐたのを、愈々大人の髮を結ふ。それから美しく著飾つて婿の前へ出る、先づ婿が三度禮拜をすると、嫁が三度半禮拜をする、是で愈々偕老同穴の契りを結んだ譯で、さうすると婿は直ぐ自分の家へ歸る。それから續て嫁が今度は直ぐ婿の家へ行列を整へてゆく、嫁が來ると婿の家では父母が其の席に列し、若し父母の中どつちか亡い場合は、其の位牌を飾つて式を濟ませる。婚禮の席上に位牌を擔ぎ出すとは是れも變に思ふかも知れぬが、之れは誠に深く考へれば、斯くあるべき事で、例令今は亡き人にせよ、舅と姑のことであるから、其の人の靈位を奉安して式場に置くといふ事は、如何にも美しい道徳上の優しみがあると思ふ。さて此の時どう云ふものか嫁が甘酒を持つて來る習慣がある、婿の父母と新郎新婦との間に一と通りの儀式があつて、甘酒の進上も無事に濟めば、今度は直ぐに婿と一所に嫁の實家へ歸る。さうして其の夜は嫁の家で新郎新婦が初めて嬉しき夢を結び、婿が一人先へ自分の家へ歸つて、嫁の家へ迎ひをやつて嫁を呼びに寄越す、其の晩嫁は婿の家に泊り、翌日は嫁が一人實家へ歸つて、婿を呼びに寄越して婿は其の夜嫁の家へ泊る。行つたり來たり、斯くすること三日三晩の後ち始めて嫁が婿の家へ落ちつくのである。因みに雁を引出物にするのは、雁といふ鳥は獨りで飛んで歩かない、必らず伴れ立つて飛ぶものであるから雁を夫婦の固めに擬へた譯であるが、其の雁が鳴くと不吉だとあつて、木彫の雁を用ゆるさうである。

男も及はぬ勇敢な花嫁手の柄

さて前置きが長くなつたが、愈々是から婚禮の夜に虎が暴ばれ込んだ話になる。所は湖中といふから忠淸道であらう。某郡の富豪が息子に嫁を貰つた。前に述べた如く、花嫁の家へ花婿が泊りに行つて、若い同志の水入らずで、離れ座敷の一房で、是から新郎新婦が愈々樂しき睦つ言に移らうといふ一刹那、俄に屋鳴り震動して、物凄き咆哮の聲と共に、其の房内へ一頭の猛虎が暴ばれ込んだ。まさか甚助を起した譯でもあるまいが、何しろ畜生の事だから溜らない、人を見たら食ふのが商賣だから、虎は矢庭に、何と思つたか其の花婿を咬はへて攫つて行つた。

ところが此の花嫁といふのが、並み外づれた氣丈な女で、…………一体此の朝鮮人の女には、内地人の想像もつかぬ程氣丈な女がある、ソレは時時新聞に出る亡夫の敵討ち杯をする朝鮮婦人がチョイ〳〵あるのを見ても判かる…………花嫁は夫が虎に攫はれたのを見て夢中になり、いきなり虎の後脚にかぢりついた。虎は口で大きな人間を咬へてゐるのだから後の方にまで手が出せないので、一生懸命其の婿を咬へたまゝ飛ぶが如くに走る。嫁は一心になつて、虎の足に抱きついたまゝ虎に引きずられ乍ら行つた所が、途中には岩石もあり荊棘もあつ、嫁は其の上を引ずられて衣類は勿論のこと、手足も顔も血だらけになつてゐるが、どうしても放さずに、物の十何町も引すられて、行つた所が、虎も遂に根が盡きて、疲勞れたと見ねて、婿をとある岩の上に置いたまゝ、何處かへ逃げて行つてしまつた。嫁も婿も之れがホントの虎口を逃がれて、取敢ねず嫁は岩の上で婿を介抱したが、婿は殆んど蟲の息であつた。そこで邊りを見たが、虎の再び來る樣な氣振りもないので、近所を能く〱見ると、微かに向ふの方に一軒家があつて、明りがチラ〱見ねてゐたから、そこへ駈け付けて人手を借りやうと決心した。

行くと中では大勢の人聲がして酒を飲んでゐる樣であつた。何は兎もあれ、賴まうと思つて、戸を明けて貰つて中へ入ると、家の中の者は嫁を見て驚いた。それは髮を振り亂だして顏中一面血たらけになつて、衣類まで血で染つてゐるので、之は朝鮮にヨクある女の化け物（後節、朝鮮の妖怪の項參照）だと思つたから一同腰を拔かさん許りに膽を潰したのも無理はない。やがて嫁は、言葉柔らかに、自分は決して妖怪變化ではない、實は斯く〱の次第であると告げたので、一同も漸く安心して、それは定めしお困りだらうと云つて、みんなで婿の介抱して吳れる事を承知した。

一同提灯の明りで其の婿といふ人を見ると、驚いたのは、一同の主人に當る富豪の息子で、而かも其の晩婚禮の爲めに嫁の實家へ泊りに行つた時に此の變事が起つた事が判つた。早速一同で重体の婿を一と先づ其の一軒家へ運び込み一方主家へ此の旨を急報したので、富豪の家では大に驚き、早速醫者よ藥よと手當を加へたので、婿は生命に別條なく、嫁の御蔭で命を拾つて夫婦睦じく暮らしたとは芽出度い話である。

藝者と妓生

鮮人は内地人の如くコセ〳〵せぬ、一番よく分るのは内鮮人混合の宴會で、藝妓と妓生とが酌に出たとき、両方を比較して見ると、藝者の方は何となくギス〳〵して、客の鼻下の測量やら懐中の透視をやつてゐるが、妓生はオツトリとして、何處となく落ち付きがある、閑雅優悠として迫らざる趣きがある……一体に内地人は島國根生でコセ〳〵仕過ぎる、鮮人は進取の氣象はないが、襟懐がある、餘裕がある（今村鞆氏談）

張三李四

鏡のいたづら＝朝鮮松山鏡＝

……女房と姑舅……泣く子……壊はす若い衆……

我が母國の昔物語として有名な『松山鏡』と同樣な話が、是も古くから朝鮮に傳はつてゐる。

田舍に住む或る男が、都から鏡を買つて歸つた。歸つてから密かに箱に仕舞つて、時々出して自分の顏を映しては面白がつてゐた。いつか之を見付け出したのは其の女房である、鏡を取出して見ると驚いたのは、自分と同じ樣な女の顏が映つたので、おこるまいことか〳〵忽ち嫉妬の情に絕えず、之を姑の前へ持て行くと、姑が見れば、婆アさんの顏が映るので『伜は何かの事情があつて都から何處かの老婆を預つて來たのであらう』といふ、次に舅が見ると爺いさんの顔が映つて、今度は子供が見ると、いたづら盛りの腕白小僧の顔が映つて、折から其の持つてゐた珠と同じ樣なものを持つてゐる『こん畜生』と手を振り上げれば、向ふは物こそ云はないが、やつぱり手を振上げたので、子供が泣きだした聲を聞き付けて、隣りの若い男が來て鏡を覗くと、血氣盛りの若い者が映つたので『此の野郎、大きな癖に子供を苛めやがる』と云つて鏡を毆ぐつた所が、鏡はトウ〱ばら〱に壞はれた。

チエーバリー

朝鮮の俗語で、困つたときに、チエーパリーさか、チエー！パルとか云ふが、之は最近に出來た洒落の樣な言葉で、明治二十七年、斷髮令が布かれたとき、京城では往來を通る者を警察官か、捉(つ)かまへては、結髮(かみ)などし〱切つたものである。それから以來、チエー（除）パル（髮）即ち『除髮』といふ言葉が流行して、困た場つ合の洒落(しやれ)に用ゐられたのである。

パーサキ

馬鹿のことをパーサキといふ、パル（八）サク（朔）で、八朔兒即ち月足らずの八月で生れた者であるといふ意である、日本內地で、明治の初年に低能兒のことを天保錢と云ふ事が流行つた。それは一錢の天保錢が八厘にしか通用しなかつた爲めで、二十（二十とは二厘のこと）足りないといふ譯であるが、朝鮮のパーサキとは誠に偶然の暗合である。

家鴨の勘定

身分貴ふときに拘はらず性極めて愚かなる人があつた。家鴨を多數に飼ふも之を數ふることが出來ない、たゞ二羽づゝ數えて、時々之を檢ためてゐた、下僕が密かに其の中の一羽を烹て食ふた、其の人家鴨を檢ためたるに、一羽不足せる事を發見し、下僕を責めて『汝我が鴨を偸めり、必ず他の鴨を以て償ふべし』と命じた、下僕其後又一羽を烹て食ふに、其の人翌日之を檢ためて二羽づゝ數へたるに不足して居ないから喜んで曰く『僕竟に之を償ひ納めなり』と

妙な鳥 ＝是も落語に＝

……鶺鴒を種に一と儲け……絶体絶命……

……一村の難儀を救ふ村中總掛りの荒ら行……鴨居へ頭をぶつゝけ……牛の糞の上に辷る……

この話も翻案されて日本の落語になつてゐる…………昔、或る人が都から密かに鶺鴒を携へて郷里へ歸つた、路で一晩或る村の宿屋に泊つた所が、夜る著いて朝暗いうちに出發したので其の宿屋では、泊つた客が鶺鴒を携へてゐたことを知らなかつた。軈て郷里へ歸つた所が、其の鶺鴒が逃げてしまつた。一体此の鳥は一度泊つた所は必ず覺えてゐるので、曩に宿泊した村の宿屋の屋根で羽根を休めて、それから都へ飛び去つたのである。

ところが此の鶺鴒を見た村の者は、今まで見たことがない鳥が飛んで來て何處かへ飛び去つたので村中の大騷ぎになつた。

すると其の村に經師（易者の如きもの）があつて、村の者が心配してゐるのを付け目に一と儲けしようと企らんだのである。

そこで村の者へ云ひ觸して曰ふのには、是は一村の難儀にかゝわる大變な禍である、是は自分の云ふ通りにしないと災難が益々重くなると云つて、其の御祓ひをすることにした。

經師は村の者を集めて、是から先は私の云ふ通りにしなければ否けないと云つて、先づ一同の前で『命米（神に供ふる米）を出せ』と云つた所が、一同の者は經師の曰ふ通り『命米を出せ』と口について其通り云つた、元々經師は出せと云つたら、村の者が米を自分の前へ出すことと思つて云つたのだが、村の者は唯だ口眞似をすれば好いと思つて、口々に『命米を出せ』と吐鳴つたのである。

家經師は思惑が外づれたので、今度は『命布（神に供る布）を出せ』と云つた所が、やつぱり村の者は大勢で聲を揃へて『命布を出せ』と云つたので、經師は『是は何うした事か』と云ふと、村の者は相變らず『是は何うした事か』と鸚鵡返しをするので、占ひ者は愈々溜らなくなつて戸外へ飛び出した所が、低ひ朝鮮一流の鴨居の事であるから、慌てゝ頭をぶつつけた。さうすると村の者は之も經師の云ふ通りに爲しなければならぬと云ふので、一同其の跡を追つて戸外へ出るとき態と鴨居に一人づゝ頭をぶつつけて出る、所が子供わ背が届かないので親が心配して態々梯子を持つて來て鴨居に頭をぶつけさせた。

それから經師は夢中で馳け出したので、門の外で、牛の糞の上に辷つた。すると是も其通りにしなければならぬと思つて、村の者は吾も彼もと爭つて其の牛の糞の上へ辷つたから、瞬く間に其の牛の糞を、みんなの著物で拭き取つてしまつた、後から來た者は仕方がないので近所から牛の糞を見付けて來て、其の上へ辷つて轉らがつて行くといふ騒ぎに、經師も今は絶体絶命になつて、惶てて冬瓜畑の蔓の下に逃け込んた所が、一同も之に隨つて其の冬瓜畑の下へ這入つて、重り合つて、其の畑は、人で山の様になつた。時に子供がゐてモウ這入ることが出來ないので、泣て其の親に訴へた所が、其の親の云ふのには『お前は少いさいから南瓜の葛の葉の下に這入つたら好からう』

燕の恩返し＝變つた兄弟＝

……無慈悲な兄と慈悲深き弟……貧富の地位顚倒す……

昔朝鮮の田舍に二人の兄弟があつた。兄は金持ちであるが無慈悲で、弟は慈悲深い性質の男であるが至つて貧乏であつた。金持ちの兄は弟に子供が澤山あつて貧乏してゐても、一向搆はぬのみか、之を苦めるのみであつた。

ある時弟の家の軒に燕が巢をくつて、雛を澤山產んだ所が、其の雛の一羽が、誤つて巢から落ち、脚を傷めたのを弟が見て、藥を塗つて、元の巢へ歸へしてやつた。やがて秋が來て燕の親は數多の子を伴れて南國へ歸つたので、自分の國王に弟の親切を奏上したる所が、王は來春行く時其の禮に瓢簞の種を持つて行けと云つた。燕は國王から頂いた瓢簞の種をタッタ一粒ではあるが、翌年の春往く時に咬へて行つた。弟の家では燕の落した瓢簞の種を蒔いた所が、四個の大なき瓢簞が成つた。固より無慾の人であるから、こんな大きな瓢簞が成つたとて、家中大喜びで其の中の實は子供に食べさせて、瓢は乾し上げて、水汲器に拵らへて市に賣らうと思ひ、瓢を割つた所が、驚く可し、其の瓢の中から仙童が現はれて、五個の罎を授けて其の姿は掻き消す如く何處へか去つたが、其の第一の瓶には、死者を蘇生させる靈藥が入つて居り、第二の瓶には盲目の治る藥、第三のには啞と聾を治す藥、第四のには不老草といふ神藥、第五のには不死の仙藥が入つてゐた。之は不思議だと思つて、第二の瓢簞を割ると、見るうちにソコへ大きな材木や石材が現はれ、第三の瓢簞を割ると大工が數十人、どこからともなく現はれて、其の建築材を以て、近所の明き地に大きな家を建て初めて見る〱うちに大厦高樓が出來上つた。さうして同じ瓢簞の中から穀物が出る、金が出る、絹布綾羅が出て、瞬くうちに山の樣に積まれた、更にモウ一の瓢簞から花の如き美人が現はれた。

慾張りの兄は弟が一夜の中に大廈高樓の主人となつた因由を聞て、燕の落した種を蒔いてから此の俄か分限になつた事を知り、之は一番自分も眞似をしてやらうと思つて、自宅の軒に燕の巢を作り、漸く目くらの燕を其の巢へ追ひ込んで、雛を產ませた錢、其の雛の一羽を亂暴にも摑み出して、床へ叩きつけ、無理に足を折つて藥をつけた上へ元の巢へ歸してやつた。

やがて秋が來て燕は南國に歸り國王に其の旨を奏上した。國王は兄の所置を憤り、それなら來年行く時、此の瓢箪の種を持つて行ッてやれと云れた。

兄は翌年の春、燕が種を落したので、心中大に喜び、早速蒔いた所が、之も大きな瓢箪が十一個成つた。弟のより四つ多いと云つて嬉しがり、其の熟するのを待つて、中を割つた所が、中から乞食坊主だの、物貰ひだの、巫女だの、惡漢だの其の他異形の者だのが、次から次へと現はれて金錢を強請して、あべこべに財產を奪ひ去り、最後の十一目の瓢簞からは、洪水の樣に糞尿が湧き出て、危ふく兄の一家は其の中へ溺れて死なうとしたが、弟が之を助けて、自宅に引取つたので、兄も一生安樂に世を送つたといふ。

貧乏の智惠 ＝新簡易生活＝

……死んだ小鯛が大きくなり……金がなくつても薪に不自由せず……

日本内地の或る大都で、至つて吝嗇な金滿家の後家があつた。ソコの家では多くの雇人を使つてゐるが、滅多に朝の味噌汁の實を買つたことがない。といふのは朝其の家の前を摘み菜を擔いで通る行商人があると、そこの主婦が自身で、摘み菜屋を家へ呼び入れる、商人は構への大きな家だから喜んでゐると、案のじよう、そこの主婦は『つまみな屋さん、みんな買ふが、いくらに負けるね』と云つて、雇人に荒ら菰を出させて其の菰の上へ摘み菜を、みんなあけさせる、『これで幾ら〳〵で御座います』

といふと、主婦はサモびつくりした様な顔付きで『飛んでもない、其の四半分値なら買ふが、迚も此の諸式の高い世の中にソンな相場では買へない』と云つて奥へプイトと引込んで了ふ。行商人は怒こるまいことかぶん〳〵腹を立てゝ其の蓏の上にブチまけた摘み菜を元の籠へ入れて歸つて行くと、是れが吝嗇の主婦の手段であつて、荒ら蓏の上へあけた、細かい摘み菜であつて、殊に腹立ちまぎれに元の籠へ入れて行つたのであるから、其の跡の蓏には菜が大分ついてゐる、何分大きな蓏の事であるからそれを拾ひ集めると、立派に朝の味噌汁の實になるのであるといふ。

是れに似た話が朝鮮に傳はつてゐる、京城で一家子供とも四人暮しの貧乏人の主が、冬になつても溫突を焚くことが出來ない、一計を案じて、町に出て田舍から牛に松葉を附けて賣りに來る商人を見付けて、自分の家へ伴れて來ると、門が狹いので松葉が中々はいらない、所で商人は最初みんな買ふと云ふから安心して、松の枝を折つたり撓めたりして、漸く門の中へ入れると、是れからソロ〳〵因緣を付けて『さつきは松葉の束が大きかつたが、コンなに少さくなつては半分値でなければ買へぬ』と云へば、商人は『門の中へ入れるとき松葉が散つたから、少さくなつたのだ』と云つて爭つた揚句、商人は怒こつて『そんなら賣らない』と云つて再び運び出して持ち去つて了うが、跡には先刻運び入れたとき門の內外に散亂した松葉が澤山あるので、それを搔き集めて燃料にする。又やうやく工面して小さい鯛を買ひ求め、之を臺所に仕舞つて置く、程なく家の前を鯛を賣る行商人が通ると、門の外に待つてゐて、前に買つた鯛より少し大きい鯛を選つて、家の中に入り、前の少さい鯛と、すりかへて、商人に云ふのには『買はうと思つたが、女房に聞いたら、要らないといふので返して置かう』と云つて、うま〳〵少し大きい鯛と、すりかへ、コウいふ風にして幾度も〳〵すりかへてゐる內に鯛が段々大きくなつて、五六遍くりかへした揚句は、目の下一尺餘りの大鯛をなつてしまつた。

惡　口

朝鮮の人を罵る言葉の中で、モヤ、イヌマー（何んだ、こん畜生）杯は、内地のと能く似てゐるが、大体に於て人を罵るのには、犬の子ださが、馬の子、豚の子虎の子、娼婦の子だとか罵ることが多い、さうして朝鮮の下等社會の者は平氣で云つてゐ、デミシビ（母を姦する程の惡漢）の如きは、一寸内地人の想像も及ばない惡罵である。

横著者 =夫役のがれ=

……危機一髪の所で萬事休矣……苦しいいひわけ……

朝鮮には夫役といふことがある、それは道路の開鑿をする場合などに、沿道の人民を人夫に使ふことである。

夫役を免がれ様と考へた男が、思案の末、びつこの眞似をしたらば好からうと思つて、杖にすがり乍らサモ左の足が利かない様に見せかけて悄然として役人の前へ出た。役人も其の眞似が上手なのでツイ之を眞に受けて免してやツた所が、其男はしめたと思つて、つい嬉れしまぎれに、歸る時には忘れて右の足を引ずつて出た。之を見た役人は初めて僞りであることを知つたので、早速其の男を呼び戻して

『其方は最初左の足が利かぬと申したが、今見る所では、左の足は滿足であつて、右の足を引ずつてゐるが、一体どつちの足が惡いのか』と訊したので、其の男は絶体絶命になり、

『實は私の足は、とき〴〵痛む方が右になつたり左になつたり致すので、先程は左が痛みましたが、只今は左が好くなつて右が痛みだしました』を辛くも答ねたが、役人はすかさず、

『然らば片足で勤まる役があるから申し付けるが、痛くない方の足を使つて働らけ』

詩の禍 =慢性作詩病=

……詩ゆへに笞刑を受け流謫せられて更に舅まで怒こらした男の話……

これは朝鮮らしい話である……ある所に詩を作ることの好きな男があつた。或る夏旱ッで郡守が雨乞ひそした所が、さッぱり功驗がない、其の男詩を作つて曰く

大守親祈雨。萬民皆喜悅。半夜押窓見月明。

とやつたので之が郡守に知れて、上を蔑ろる不埒な奴とあつて、笞刑（鞭で臀を叩く刑罰）に處せられた、よせば好いのに又詩を作つて

作詩十七字。打臀十五度。若作萬言疏撲殺。

また是れが郡守に判つて、斯んな奴は宜しく所拂ひを申し付けなければならぬとあつて、遠方へ謫せられた、所が其の舅が道まで送つたのに對して其の舅は片眼であつたので『遠別數千里、何時更相見』までは好かつたが、此の男の癖として、どうしても巧みな詩を作らうとした揚句『握手淚潜然三行』とッイやつたので、舅が大變怒つたといふ。

客を烟に ＝巻く法螺吹＝

……見えを張るのもコヽ迄行けば眞に古今無類……來客こそ迷惑……

こんな人は、よく世間にある…………自宅の門前へ米を一つかみコボして置いて、客が來ると下男を呼びつけて、

『なぜコンなに勿体ないことをするか』と叱ると、豫じめ下男と牒し合せてあるので下男は

『旦那さま、つい忙そがしかつたので今朝掃除を致して居りませんが、それは昨日の暮方、田舎から來た百姓が、小作米二百石と三百石、全羅道と忠淸道から納めに來たとき、多ある百姓どもがコボして行つたのでせう』それから、室の壁に紅を些し塗すつて置く。客が來ると亦下男を叱つて、

『なぜコンなに壁を汚ごしたのだ』下男は吩ひ付かつてゐるので、

『昨晩妓生が來て、丁度此の部屋へ泊つたものですから、御化粧をするときに、

多分粗忽でつけたのでせう』

また客の來てゐる所へ、下男が、女の穿く靴を片方持つて來る。

『これ／＼、お客來のときに、何でソンな女の穿き物抔を持つてくるか』

『だつて旦那さま、此の穿き物が片々取變つて居りますが、ゆふべ花兒（當時賣れつ妓の妓生の名）と雲兒（同）が來た時、替はつたものと見ゑますが、此の穿き物は些し大きい様ですが、花兒のでせうか、雲兒のでせうか』

『何？……大きい……そんなら雲兒のだらう、早く持つて行てやれ』

それから客の來てゐるとき、下男が主人の前へ『只今此の御方が御出でになつて、玄關で待つて居ます』と云つて、客に態と見ゑる様に名刺を放り出すので、客は見るともなしに見ると、大きな字で堂々と其ころ時めく宰相の名が書いてあるので、客は驚て歸らうと思ふと『まア居玉へ』といふから餘儀なくモヂ／＼してゐると、軈て下男がやつて來て『お來客では失禮だと云つて御歸りになりました』といふ、主人は平氣

で

『あの男にも久しく遇はなかつたが、別に大した用事で來たのではなからう、あの男も近頃政治向きの用が忙がしいと見ゐる』

強盗の符牒

内地の掏摸は、金目の物を掏つたさきには、『安い物があつたから買つた』といふが、朝鮮の強盗は、金を持つてゐる者を見るさ『虎が浮いてるから捕まへよう』といふ

女房が恐わい ＝嚊天下競べ＝

……此の將にして此の士卒あり……妻に叱られるのが恐ろしさに……

自分の奥方に頭の上らない大將があつた。ある日部下の將士を集めて、紅い旗と青い旗とを立て置き、

「此の中で自分の妻を恐がるものは紅い旗の下に集れ、恐がらぬ者は青い旗の下に集れ」

と命じた。一同は大將が平生其の妻を恐るゝことの甚だしいのを知つてゐるので、ひたすら其の御機嫌を損ぜざらんことを恐れ、期せずしてミンナ赤い旗の下へ集つた。ところがタッタ一人青い旗の下へ行つたものがあるので、大將は其の青い旗の下へ行つた者に向つて、

「自分も是れまで幾多の戰場に臨んで、一度も敵から後れを取つたことは無いが、只一つ困るのは、どうも自分の女房から叱られるのが恐ろしくつて溜らぬ、見れは其方は青い旗の下へ行ったからには、定めし女房が恐くないのであらう」と訊ねると

「閣下、小官は決して女房が恐ろしくないのでは御座りませぬ。それは豫ねぐ妻から申し渡されて居ることがあるからであります。日頃小官の妻の申しますの

には、男が多勢集るときは必ず女の話が出るに違ひないから、郎君は例令どんな事があつても、決して男の多く集る所へ行つてはならぬと云ひ付けられて居りますので、御覽の通りあんなに澤山男の集つてゐる紅い旗の下へ杯行かうものなら、之が若し妻に知れたときにはドンなに叱かられるか知れませんので、つい靑い旗の下へ參りました」

眼の明く法 =內地に有る話=

……黑犬の眼の玉と入れ替れば好い……が併し困る事がある……

夜る燈火無しに眼の見ゐる法は黑猫の眼玉を拔いて、自分の眼玉と入れ替へれば好い……が併し火事があると緣の下へ駈け込むと云ふ話は、內地に傳へられてゐるが、之は朝鮮の話……片目の人が、片目を氣にして、ふだん一つと云ふ事さへ嫌つてゐることを聞いた友達が「そんな莫迦なことはあるものか、例令ば日も月も父も母も一つしかないものではないか、そんな事を苦にしては否けない」と誨しへた。しかしドウも自分の片目が苦になつて溜らないので、何んとかして兩眼開く樣にしたいと、過ふ人毎に尋ねてゐた。

或人の曰く「それは何んでもない、黒犬の眼を入れゝは眼が開く」といふから「それは本當のことか」と聞けば「その代り往來を歩くと落ちてゐる食物(くひもの)を、腐つたものでも、一度は鼻で嗅ぎたくなる」

天氣豫報 =富豪の花婿=

……神童の化けの皮……種と仕掛けは背中にある……

片田舍の或る村に神童と呼はれた子供がゐた。別に何が偉らいといふ譯ではないが、其の兒は奇妙に天氣を豫言することである。

こゝに都の或る長者が幼きタッタ一人の娘に婿を婚はせようと思つて、色々穿鑿したが、どうも氣に入つた婿にすべき候補者がない。そこで自身で國々を巡つて婿を探がしに出た所が、丁度此の片田舍へ來て天氣を豫言する神童のことを聞いたので試めして見た所が、折から晴天で一片の雲霓もないのに、此の兒童が舌うちをして『あしたは雨だ』と呟いた所が、果して翌日は大雨であつたので、長者はつく〴〵感心して是れ程聰明な兒童なら萬事が悧發であらうと思つて、早速此の兒童を一人娘の婿に貰ふことにして、莫大な金を親に與へて貰ひ受けたのであつた。

さて長者は吾家へ其の兒童を伴れ歸り早速娘と祝言させて喜んでゐたが、日を經るに隨つて此の婿にした小兒といふのが、まるツきり文字を知らず、如何に贔負目で見ても田舍丸出しの惡太郎としか受取れぬが、天氣を豫知することは相變らず不思議な程能く云ひ當ててゐた。長者は或る日婿を呼んで『お前の天氣を云ひ當てることは不思議であるが一体どうして當てるのか』と聽いた所が、婿の曰く『おいらの背中に瘡疥ができてゐてソレが痒くなると、あしたは雨だ』

熊の穴に三年 ＝朝鮮らしき話＝

……岩窟に囚はる……衣食に不自由なく……料理まで自由自在……

是は牝熊の囚になつて、必ならずも三年間同棲したといふ男の話。

男は江原道麟蹄の者で、女房も子もある木樵である。ある日山へ入ると巨きな黒い熊が現はれて、矢庭に其の男を倒したが別に食ひ殺さうとする氣振も見せぬので、熊の爲すが儘にしてゐると、熊は男の裾を咬へて、自分の岩屋へ伴れて行つた。さうすると熊は男を岩窟に入れて、外から大石を積み重ね、一寸も外へ出る事の出來ぬ様にして、山中の美味しい果物を澤山運んで來て、口こそ利けぬがソレを男に食べろといふ素振をする。男は只怒ろしさに初めはモヂ／＼してゐたが、夜になつても、岩窟から出して呉れず、翌日も亦其通りにして閉ぢ込められたので、つい空腹の餘りソレを食べると、熊は何か判らぬか誠に嬉しさうにして、益々果物を運んで來るが一向閉ぢ込めたまゝ出しさうにしない。

男はモウどうする事も出來なくなつたので、此の上は生涯熊と同棲せねばならぬ事になるかも知れぬと諦めてしまつて、ぞんならイッソ贅澤を仕樣と考へて、熊に向つて云ふ樣

『自分は家に在る時、穀物魚鳥獸肉蔬菜の類を調理火食してゐたものなれば、迚も果物のみでは生存すること能はず、且つ人間には衣類其他の日常什器を必要とすれど、此の岩窟にはソレ等の物絶ゑて無し、之を奈何』と云つた所が、不思議にも熊に其の云ふ事が判つたと見ゑて、それより衣類其他勝手道具等及び米、野菜鳥獸の肉、味噌醬油を初め酒までドン〳〵運んで來る。

しかし熊は嚴重に監視して、男の逃げることを許さぬので心ならずも男は丸三年間、熊の岩窟で畜類と同棲した。

ある日、男は考へて、此の先きイッ迄かうしても端てしがないから、何んとかして此の岩窟を逃げ出す工夫をしなければならぬと思つて、思案の末、一策を案じて、熊

を欺て

『さて今まで自分は名も所も名乘らなかつたが、實は春川の何村に住む何の某といふものである、家を出て既に三年になるが、故郷の事が誠に氣に懸るから、此の手紙を自分の家まで屆けては吳れまいか、さすれば吾家でも安心して自分は永く此の岩窟に住むことができる』と嘘八百の所書きを遣つて熊に屆けさせた。

しかし熊もモウ三年同棲してゐる事であるから、安心して、其の手紙を屆けに行つたので、男は〆めたと思つて、熊の遠くへ行つた頃を見計らひ、密かに岩窟を拔け出て、吾が家へ三年ぶりで逃げ歸つた。

家では既に三年も主の行衞が不明なので、是は汔度山で虎にでも喰ひ殺されたものだらうと云つて、死んだものとしてあつたのが、突然山男の樣な姿で歸つて來たので、家人は幽靈が現はれたのだと思つて驚いたが、段々事情を聞て始めて其の顚末が判つたもの、、假りにも人間として畜類と三年も同棲したといふので、一家相擁して泣いたとは左もあるべき事である。

話替つて熊は春川へ行つたものの、手紙を屆けるといふのが、只置て來た許りであつたが、急いで岩窟へ歸つて見れば、最早人間の姿が見ねぬので、怒り狂つて附近の村落杯を荒し廻つて探したが、遂に見出す事が出來ぬので、三日三夜さ探しぬいた末、終に絶食して死んでしまつたといふ。

落語＝天の盲＝

これは朝鮮の古書にあつた落語を、お慰みまでに其のまゝ母國風の落語に書き直したものである。

京畿道開城に、性質の至つて愚かな按摩が御座いました。此の按摩の癖といふのは、どんな者に遇つても、必らず、何か近頃珍らしいことがないかと、五月蠅く聽くのが癖でありまして、自然近所の子供などからも馬鹿にされます。何處も同じことで、いたづら盛りな子供が

『やア向ふから、いつもの馬鹿な按摩が來た、又からかッてやらう』といふので

『おぢさん、大變な珍らしい事があるが、知つてゐるかい』

『よせ、こん畜生、この間、てめへが、おぢさん、珍らしい物があるが、たべないかと云ふから、それは何だと聞くと、外國人蔘だと云やアがつた。おれも此の歳になるが、朝鮮の開城人蔘てのは、世界一だと聽くが、外國人蔘てのは初めてだといふと、おぢさん、たべて御覽といふから、さわつて見ると、何だコチ〳〵して、香ひをかぐと、乾からびた樣な、あまい樣な香ひがするから、ついアグリと嚙ぢつたら、唐茄子の蔕だつた』

『おぢさん、今度のは噓ぢやアないよ、それは子、おぢさん、地の下の世界がスッカリ見ねる所があるんだが、おぢさんは眼が見ねないから氣の毒だ』

『さうか、本當か、眼が見ねなくッても、聲ぐらゐ聞ねるだらう』

『それは聞ねない事もない』

『ぢやア一錢やるから、おぢさんをソコへ伴れてッておくれ』

『お錢なんか要らないよ』

『だつて氣の毒だな、ぢや又何かあッた時やらう』

『だが、おぢさん、餘ッぼど遠いよ』

『少しぐらひ、遠くッたつて搆はない…………が…………一体どの位ある』

『大方二里ばかり…………』

『何？……二里……いや搆はないから伴れてッておくれ』いたづらな子供は、按摩を伴れて開城の城外に出ましだ、散々城外を廻はつて、やかて城内へ歸つて按摩の宅のある上の崖の所へ參りました。

『おぢさん、こゝだよ、此の崖から下を覗くと、地の下の世界がハッキリわかる』按摩は聲だけでも聽かうと思て一生懸命に耳を澄まして聽くと、崖の下は自分の宅のある所ですから、下では鷄か鳴いたり、朝鮮一流の砧の音も聞ねます。按

摩は大喜びで
『今度は、まつたくだ、こいつは珍らしい』と夢中になつて手を叩いてゐる所を子供がイキナリ按摩を崖から下へ突き落したから、按摩は自分の宅の裏口の所へ落つこちた。傍にゐた子供が駈けつけて
『おぢさん、どうしたの』と云へば、按摩は一切夢中であるから誰の聲だか判りませんが、地の下の世界へ初めて來たのだから、默まつてゐては否けないと思つて、痛い体をさすり乍ら
『わしは、天の盲目だが、今雲を踏み外づしてコヽへ落つこちた』此の物音に驚いて女房が駈けつけて
『あなたマアどうなすツたんです』といへは
『オヤお前は亦いつこの此世界へ來た』

能く似た俚諺

＝母國と朝鮮＝

占ひ者は自分の死ぬ日を知らぬ　（占ひ者身の上知らず）

井の中の魚　（井の中の蛙）

牛の耳に經を讀む　（馬の耳に念佛）

三歳の心は八十歳まで　（三つ子の心百まで）

我家に飼つた犬に踵を嚙まる　（飼犬に手を嚙まる）

物言ひの多い內の味噌は酸つぱい　（下手な唄を聽かされると、糠味噌が腐るといひ、又味噌が腐るといふ）

墨に近づけば黑くなる　（朱に交はれば赤くなる）

男やもめに虱が三升、女やもめに銀三升　（男やもめに蛆が湧き女やもめに花が咲）

ぼろ〳〵でも絹は絹　（腐つても鯛）

自分の娘は美しい　（親好きの他人嫌ひ）

僧の頭に髷

石も十年ちつと見てゐると穴があく（石の上にも三年）

朝鮮名門の姓

李……金……徐……趙……魚……宋……

……吳……洪……南……朴……閔……尹……申……韓……鄭……柳……

……嚴……兪……曹……權……姜……丁……成……林……岸……崔……

……許……張……具……元……高……梁……邊……安……黃……白……

……任……沈……尙……羅……奇……玉……

靈魂 ＝高麗の亡ぶ時＝

……美女を妻に……俄か分限者となりたる獵師の話……

此の話は開城に王都のあつた、後高麗朝の亡びる、約三十年前の事である。

黃海道博川に住む若い獵師が、妙香山へ狩に行つた所が、餘り深入りをしたので、日がドップリと暮れてしまつた。段々行くと深山幽谷の、右を向いても左を行つても、險しい蛭で、殆んど進退谷まつたので、今宵はドウかして此の邊に人家もあらば、無理にでも賴んで泊めて貰はうと思ひつゝ、疲れた足を曳き摺り／＼尙ほも進んで行くと、幸ひにも一軒の人家があつた、

見ると誠に奇妙な家で、十二間もある細長い、朝鮮一流の平屋建であるが、どう云ふ

ものか窓が無い、但し後ろの方の一房は臺所らしいが、窓が無くつて、入り口があるのみである。何んでも搆はないから訪づれて見ると、中から一人の美しい女が出て來た。獵師は有りの儘の譯を話して、どうか一夜の宿りを許して頂きたいと云つた所が、其の女は、獵師の顔を繁々見て、サモなつかしさうに『それは定めし御困りでせう、山家の事ゆへ、御不自由ではありませうが、さアどうぞ御遠慮なくお泊りなさい』と云つて呉れたので、若い獵師は大層喜んで泊めて貰ふ事にした。女は獵師を、もてなす事啻ならず『嘸おなかも空いた事でせう』といつて、食膳に種々の御馳走を上ぼせてくれた中に、支那杯で第一の珍味と稱せらるゝ熊掌と云つて熊の掌を美味しく調埋したもの杯もあつた。獵師はツイ御馳走に氣が取られてゐたが、段々身の素性を語つた所が、其の少女には父がある事が判つた。

やがて夜の十時頃、果して其の父なる人が歸つて來たが、驚いたの何んのと云つて、其の父の丈が莫加に高い、丁度化け物の樣な大男であるから、腰の邉りが軒位の所にあつて、戸外で物を云つても、屋根の上から何か云つて喋舌つてゐる。それから家の中へ這入るのには、馴れたもので、匐つて這入るが否や、ごろりと横になつた。其の擔を見ると、殆んど大概な一軒の家ほどある。父は娘に『客人に御飯を上げたか』と尋ね、御馳走をしたと聞いたので、大に喜び、之れから儕も飯を食はうと云ふ。見ると娘の運んで來たのは、飯ではなくつて大きな豚が生のまゝ一頭、之を截り殺して盤臺の上に乘せてある。獵師は二度びつくりで、迚も之は人間ではない、あんな優しい事を云ふが、夜中になると食ひ殺ろされるかも知れないと思つて、臺所ぐるみ十二間ぶつ通しの室の偶に獨りガタ／＼震ゐてゐた。其の大男は娘に『客人に粗末の無い様に好く御取持ちして上げろ』と云つたが、どうして恐わくつて／＼、迚も其の夜は娘に物を云ふどころか、がた／＼ふるつて一夜を明かした。

翌朝に至るも何の事がない、大男は娘に向つて『客人には煮たもの上げて儕はイツモの通り肉を生で食ふ』と云つた。獵師はモウ御馳走どころではない、イッ油斷しだ際を見て、一摑みにされて食ひ殺ろされるかも知れないと思つたので、逃げ出さうとも考へたが、迚も此の勢ひでは逃げたとて逃げ了ふせるものでもないから、もう度胸を据ゑて運命のなすがまゝにする外なしと思ひ、相變らず偶の方に少さくなつてゐた。大男は肉を寢轉んで食べ終ると、今度は例の如く、匐ひ乍ら外へ出た。入り口の外は、時しも麗らかな春の事であるから、褥の様な若草が青々と生ゑてゐる。大男は何と思つてか庭の草の上にドッカと坐して『さて客人』と云つた。

獵師は愈々是が瀨戸際で、今まで無事であつたが、是から食ひ殺すと云ふか、何と云ふか、絶對絶命の場合となつたが、此の際如何に藻掻くも、あがくも、外に方法がないので、呼ばるるまゝに恐る／＼大男の前へ出て手をつかへた。

大男は意外の様な顔付きで『客人さう改まられると話が仕にくひ、どうか其の手を御あげ下さい』と云つて扨て云ふ様『客人、お前さんは誠に幸福な人である、實はお前さんのこゝへ來たのは、儕が術を使つて來る様にしたのである…………就ては不束な者だが儕の娘を、お前さんの嫁にしては呉れまいか、さすれば、わしの是れ迄集めた虎の皮や熊の皮或は豹獐鹿猪等の皮を、みんなお前さんに進ずるつもりである……何……嫁に貰つて呉れると、それは頂上である』と、さらばと許り家の前の岩窟から山の様に貴重な皮を出して來て『これは迚も、お前さんに持つて行けまいから、わしが此の先きの船付きの所まで脊負つて行ッて上げるから、お前さんは娘を、おぶつて行つて下さい』

獵師は煙に巻かれて、只もう夢に夢見る心地して、娘をおぶひ、大男は又チゲで澤山な皮を船つきの塲所まで持つて來た。

ところが別るるに臨んで其の大男の云ふのには、此の皮を賣れば恐らく何千金といふ金になるから此の皮を賣つたら牛二頭と塩百石を贈つて呉れろと云ふ事であつた。さうして期日は今日より五日目、渡す塲所は此の船つきの所だといふ約束を結んだ。

獵師は家へ歸つて、固より獨身者の事であるから其の娘を妻とし、皮を市塲で賣つた所が數千金を得た。仍て約束通り牛を二頭に鹽を百石舟に積んで、前の場所へ行くと果して其の大男が待つてゐた。見ると又ぞうろ山の樣に虎其他の皮を持つて來て與へて云ふのに『自分はモウ山家住ひで斯んな皮杯は用が無いから、お前さんに遣る』と云ひ、更に『又一つ賴みがあるのは、外でもない、又今日より五日目に鹽を百石コヽまで持つて來て呉れ』と云つた、獵師は前に皮を賣つたので俄かに分限者になつたから獵師を廢めて商人になつた。さて約束の通り又五日後に鹽百石と云はれたので鹽百石と、尙あの時多分牛の事を云ひ忘れたのだらうと思つて、序でに前の樣に牛二頭と鹽百石とを持つて行つた所が、相變らず大男が待つてゐる。そこで鹽と牛を渡した所が、大男の云ふのに、あの時牛を持つて來て呉れと云はぬつもりであつたが、なぜ牛を持つて來たかと云つて、意外にも不機嫌であつた。獵師の俄か分限者は『なる程あの時仰せはなかたつが、多分御入用だと思つて持つて參りました。元來私は美女の妻を貰つた上に金持ちになつたのですから、牛二頭位は持つて來るのが當り前であります、せうか御納めを願ひたい」と云つた所が、大男は俄かに考へ出した樣に『そんな事を云つても、迚も判るまいが、わしには、わしで牛の入らない譯がある……………あゝ之れが永の別れになるかも知れぬ、隨分達者で暮らされよ」と云つてスタ〳〵行きさうにする。何分藪から棒の話で何が何だか判らぬが、獵師は道を遮つて『只今の仰せは、何ごとなるか一向相判らねど、思へば思ふ程不可思議なのは、尊公の御身の上であります。實は妻にも聞きましたが、堅く秘して語らず、私も實は今の今まで只不思議と思ふより外はありません。一体尊公は形こそ人間に見ゆれど、或は妙香山の山靈か鬼神かとも思つて居ります」といふと、大男は『今は仔細あつて、何も、そなたに語らぬが、明年五月端午の節句に、某河の津頭に行くときは、必ず、馬に乘つた草笠青袍の一貴公子に遇ふであらう、其の時其の貴公子に今までの事情を語つたら、我が身の素性が判るであらう」と云つて、飄然として去つた。

獵師はモウ既に立派な商人になつてゐる。翌年端午の節句某河の津頭に行くと、果せるかな、貴公子の一行に遇つたので、禮を低くして、是までの一伍一什を告げた所が、貴公子は之れを聽て感に堪ねざる如く深き愁ひに沈んだ様であつた、やがて云ふのに『その大男といふのは察するに天地精氣の凝つて化成したる靈塊であらう。之を禹と稱し、其の存するや國家泰平なるも、滅するや其精氣化して英雄豪傑となり邦家の厄運を招く事がある。殊に禹の人間となるは、鐵を食して自殺したる後ち、化して人界に現はるるもので、鐵でなければ自滅することが出來ぬ、故に御身より鐵を求めたるものであらう。併し鐵を食しても生肉を中間で食へば五日壽命が延びると傳へられてゐるので最後には愈々自滅を覺悟したので、生肉を斷はつたのである。それにしても、斯う云ふ事があつたとすれば高麗王朝の運命も永い事はあるまい、精々こゝ三十年が關の山である』と其の貴公子は長嘆息して去らうとしたので、更に辞を低くして其の貴公子の名を問へば『吾れ鄭夢周(高麗朝の末造に於ける大忠臣)なり』と答へて、河を渡つて去つた。」

果して其の後三十年ならずして高麗王朝は亡びてしまつた。

幽靈問答 ―男裝の女郡守―

……老軍人の出世物語……狂死したる郡守と慘殺されたる愛孃の祟り……
……禍根を除き一同安堵す……

慶尙南道密陽郡守某の愛孃が乳母と共に家を出たぎり行衞不明となり、父の郡守は爲に發狂したので其の職を罷められたが元で之も狂ひ死に死んでしまつた。

其後密陽郡守に任ぜれた者は著任すると、直ぐ頓死して、もう三四人も頓死者が續くので、誰も行く者が無くなつてしまつた。中央政府でも困つてしまひ、誰か希望者があつたら後任郡守にし樣と云ひ出したが、誰とて一人も應じ手がなかつた。

すると或る老軍人があつて、既に六十歲になるが薄給で困難してゐた。此の噂を聽いて妻に相談した所が、妻は之を勸めて『人間は何處で死ぬのも同じ事ですから、一日でも郡守になつて死に花を咲かすのも面白いではありませんか』と云つたので、老軍人も其の氣になつて、密陽郡守の後任者たらんことを願ひ出たので、直ぐ様聽許されて愈々密陽郡守に任ぜられた。

その老軍人は妻を伴れて赴任して見ると、驚いたのは、郡衙の屬吏が郡守たる自分を甚だしく侮蔑する事である。それは無理もない事で、今まで三四人旣に著任するや否や其の晩に頓死してしまうので、郡衙の屬吏等は亦死にヽ來たのだと思ふから、心中で冷笑して一向敬意を表さない、殊に日も暮れないのに屬吏はサッサト無斷で退廳してしまつた。

其の夜妻の云ふのには『妾は今夜男裝して郡守の如く裝ひ、郡守の寢る室で寢て見ませう』と云つた。老軍人の新郡守は、妻の云ふ通りにして、妻を郡守の如く裝はしめて郡守の室に寢かして置いた。

夜も更けて草木も眠る丑滿つ頃になると、果せる哉、妻の寢てゐる室へ、若い女の幽靈が現はれて、手に朱い旗を持つて起つてゐる。男裝の妻は、之に驚かず、嚴かに『汝は何故ここに現はれたか、怨みの次第があらば、速やかに申立てよ、必ず、汝の怨根を晴らして取らせる』と云つた所が、女の幽靈は、サモ得心した如くにして消ね失せてしまつた。そこで直ぐ樣、夫の郡守の所へ行つて、此の次第を告げて、多分幽靈が朱旗を持つてゐたが、或は其の『朱旗』といふ字に似寄りの者の爲に女が非業の最期を遂げ、其の怨みを晴らし得ざる爲め、代々の郡守に崇つたものでありませうと云つて、翌朝に及んだ。

何しろ郡衙の中は夜中に化け物が出るといふので、人つ子一人泊らない樣になり廣い郡衙の中には朝まで新郡守と夫人と二人より居なかつた。

朝になると郡衙の門外へ人が多勢來た樣で、併しイツもの事があるので新郡守はモウ妖怪に取り殺された事と思つてゐるから、早手廻しに遺骸を包む蓆拵を用意し來たが、毎度の事だから、誰も恐はがつて先きへ這入る者がない、互ひに『お前が這入れ

「おれは嫌やだ」と云つて、がやがやしてゐる。そこで新郡守は、衣冠を正し、窓を明けて之を叱責し「何故汝等は入り來らざるか、殊に其の携へ居る物は何であるか」抔と、叱りつけたので、屬吏を初め郡衙の備入抔が、今度の郡守は、只の人ではない、神樣に近い人だと云つて互ひに恐れた。そこで郡守は一同を引見して、嚴重に昨日の非禮を詰責した上。惡い奴は悉く陶汰したので、一同益々恐れ入つてしまつた。

それから今度は化け物から賴まれた一條である、何でも「朱旗」といふから、其の似寄りの者が無からうかと思つて、調べて見ると、郡衙の役人に「周賓」といふ者がゐた。こいつが何でも怪しいと見込をつけたので、嚴重に調べ上げて見ると、果して此の男に只ならざる罪狀のあつた事が知れた。

それは、此の周賓と云ふ奴が、前記の狂死した密陽郡守の愛孃を犯さうと思て、乳母に大金を與へると稱して、愛孃を郡衙の後ろにある竹藪の中に誘拐させた所が、愛孃が意に從はぬ爲め之を殺し更に後日の災ひを恐れて乳母をも殺してしまつた。

その後幾年、娘と乳母との殘骸は風雨に曝されて、竹籔の中に朽ちてゐたのを、此自白によつて初めて遺骨を發見し、懇ろに之を吊つた爲め、郡守の名聲は都へも響いたといふ事である。

瘤取物語 =母國こ酷似=

……………母國の瘤取物語……美音の出る瘤……鬼には必要なし……………

我が母國に瘤取物語とい話が傳はつてゐる。宇治拾遺物語に『これも今は昔、右の顔に大なる瘤ある翁ありけり。大かう山へ行きぬ、雨風はしたなくて歸るに及ばで・山の中に心にもあらず泊りぬ（中略）木のうつぼありけるに這入りてゐたる程に（妖怪多く集りて）うつぼの木の前に廻りぬ（妖怪の頭を始めとして）二並びに並みたる鬼數を知らず、其の姿各々云ひ盡し難し、酒參らせ遊ぶ有さま此の世の人のする定めなり』とあつて、是から多く妖怪が興に乘じて舞ひ出したので、此の翁は元々舞ひが巧みなのでツイ浮かれて其の座へ踊り出したところが、殊の外鬼の氣に入つて、鬼は今度の宴會にも是非來て踊つて吳ろといふ、とう／＼其の質に翁の瘤を取つて歸して遣つた。翁は永年苦にしてゐた瘤が取れたので喜んでゐると、之を聞いた近所に住ひ左の顏に瘤のある慾深爺いが、早速其の眞似をして鬼の酒宴の席で踊つたところが、前の正直な翁とは似ても付かない下手な踊りなので妖怪の群れが追ひ返してしまつたが、其の時慾張爺いは前に鬼が取つて置いた、正直の翁の瘤を右の頰に付けられて顏に二つの瘤が出來たといふのか我が國に傳へられてゐる瘤取物語の筋である。

ところが朝鮮にも瘤取物語が傳へられてゐる。大方は何づれ母國のも朝鮮のも其の物語の元祖は花咲か爺いの話杯と共に或は支那あたりから來たものであらうと思はれるが、朝鮮の瘤取物語は斯うである。

むかし／＼或る片田舍に大きな瘤が顏にある翁があつて、薪を採りに行つた所が、ゆき暮れて山の中の荒ら家に泊つた、翁は淋びしさの餘り日頃自慢の歌を節面白く唄つた所が、お定まりの丑滿つ頃、妖怪の群れが多數に集つて來て、其の歌に聞き惚れた揚句、翁は妖怪の所望によつて、とう〳〵夜明け近くなるまで、歌を謳つた所が、其が頭とも見ゆる妖怪が『一体どうすればソンなに美音が出るのか』と聽いたので翁は出鱈目に『私の顔にある大きな瘤から此の美しい聲が出るのである』と答へためで、妖怪は『然らばドウかして其の瘤を賣つて貰ひたい』と云つて、多くの寶を持ち出して其の瘤を翁の顔から無理に取り去つてしまつた。

夜も明けたので翁は寶を貰つた上に、瘤を取つて貰つたので大喜びに吾が家へ歸つて來た。

ところが隣家に之れも顔に大きな瘤のある慾の深き翁があつて、其の眞似をして夜る妖怪の住み家に行き、妖怪に歌を聽かせたまで好かつたが、妖怪の頭が

『どうして貴公はソンなに美しい聲が出るのか』

と聞かれたので、爺いさんは得たりと顔の瘤を指して『此の瘤から出る』と答へる

と、妖怪の頭は嘲笑つて實は先夜汝の如き老人より瘤を買ひ求めて之を頬につけて歌つて見たが、美音は愚か却て聲が惡くなつたので、吾々には用のないものであるから『貴樣に遣る』といつて、先に正直なお爺いさんから取つた瘤を其の欲張り爺いにつけたので、顔の右と左に瘤が二つ出來た。

金銀の棒 ―正直と慾張―

……鬼を驚ろかしたる夜陰の怪聲……何處も同じ慾張り爺の失敗……

これも瘤取物語に能く似た話である。ある山里に正直な爺がゐた。木樵を渡世としてゐるので終日山へ木を切りに行き、其の歸る道で樫の實を拾つたが、遲くまで山にゐたので道で日が暮れてしまつた。

ふと見ると大きな家があつて、其の中に人の住む氣はいもないので、其の夜は此の家に泊ることとし、奥の方に當る一番高い樓上に寢ることにした。

ところが夜も更けたる丑滿つの頃、俄かに下の廣間ががや〳〵しだしたので、密かに覗いて見た所が鬼が、大勢集つて何だか捧の樣なもので、床を叩いて『金出ろ』『銀出ろ』といふと、云ふがまゝに金銀の延捧が出て來るので、爺はガタ〳〵ふるへてゐたが、どうかした機みに先きに山で拾つた樫の實を踏み潰したので、カチンと一聲高樓の方で夜陰に響ゐたので、鬼は大に驚き、之は多分高樓が古くなつて崩れかけたのだらうと云ひ合ひつゝ、我先きにと其の家から逃げだしてしまつた。

跡で爺さんは、鬼が逃げたので、下へ降りて見ると金銀の捧が澤山取り殘されてあるので、大に喜び、早速之を背負つて家へ持つて歸つた。そこで爺は其の金銀の捧を賣つて俄に大金持になつたが、隣りに慾張りの爺があつて、段々正直な爺から話を聞て見ると、鬼の家で樫の實を潰ぶした所が、鬼が其の音に驚て逃げて行つた跡に金銀の捧が落ちてゐたのだと聞き、早速自分もやつて見ようと思つて、夜になつて鬼の家を探し當て、奥の高樓に待つてゐた所が、果して鬼が大勢ががや〳〵して來た。そこで用意の樫の實を潰した所が、鬼が聞き付けて、逃げると思ひの外、今度は高樓の方へ近付いて來た所が、鬼は口々に『人臭い〳〵』といつて、とう〳〵慾張り爺いの隱れてゐたのを見付け出して、捉へた上に散々毆ぐつて追ひ返してしまつたとある。

鬼と寶 ＝智惠の絲玉＝

……花嫁に取り付く鬼……これが本當のタマナシ……

江原道橫城の話、新嫁の所へ、毎夜變な男が這ひ込む、新夫は傍で寢てゐるが、其の男が來て嫁を脅迫して犯すにも拘はらず、夫にも其の姿が見ゑない。段々それが高じて、仕舞には晝夜の區別なく其の怪物が來る樣になつた。ところがドウ云ふものか、嫁の叔父に當る人が來ると、其の怪物が逃げてしまう。叔父の云ふのに之は屹度鬼の仕業に違ひないから、今夜來たら、其奴の著物へ密かに木綿絲を縫ひ付けて絲を球にして長くして置くと、歸る時に知らずにゐれば幸ひで、絲を引摺つて行くから、其の行先きが判ると教へた。果して翌日其の怪物が來たので、知れない樣に其の衿の所に絲を縫ひつけた所へ、叔父が入つて來たので、怪物は慌て、逃げ去つた。絲の球は解けて其の行く通りの道を示すのにも氣付かず、怪物逃はげて、前にある林の中の叢へ逃げ込んでしまつた。

そこで愈々叔父の云ふ通り、鬼に相違ないとあつて、叢の中を掻き別けると、絲が地の下へ入つてゐる。仍てソコを堀り下げると、鬼は居なかつたが紫色の光りの強い寶玉が現はれた。是こそ必定怪物の正体に相違なしとて、早速持ち歸つた所が、不思議にも其の日からパッタリ物の怪が止んで、嫁も怪物の姿を見ない樣になつた。

ところが其後ある夜門の下で、何か物を云つてゐるものがある。聽くと此の間の鬼であつた。

鬼の云ふのに『どうか先日の寶玉を返して下さい、さうすれば、此の御家が繁昌して、富貴功名共に望み通りに叶ふ樣にして上げます』と云つた、そこの家では『此の悪鬼が、何を云ふか』と云つて取合はなかつた。併し鬼は懲りずに毎晩の樣に來て頼むが肯れないので、鬼の云ふのに『あの寶玉は、私の手にあつてこそ、役に立つものでありますが、人間が持つては何の役にも立ちません、就てはこゝに別に寶玉を持つて來ましたから、どうか之と取り替へて下さい』と云つて、前の寶玉同とじ樣な、今度は黒く光つてゐる珠を出したので、そこの家では此の珠も取り上げて、とう〱二つとも鬼に返してやらなかつた。

鬼は何うしても返して呉れないので、泣く〱ソコを立ち去つたが、嫁の婿は自慢で其の二つの珠を珍重し、人に見せたり何かして喜んでゐたが、いつ鬼が來て取り返さぬとも限らぬので、嚢を拵へて其の中へ藏ひ、肌身離さず持つてゐた。或る日其の婿が例によつて珠を入れた嚢を肌につけて外出した所か、外出先きで散々御馳走になつたので、酩酊の揚句、家へ歸る途中、昭陽亭といふ所へ倒れて寢てしまひ、醉ひが醒めて起きて見ると、今迄大切に肌身につけてゐた二つの寶玉がイツしか紛失した事を發見した。其の後如何に探がしても遂に其の二寶玉を見出すことが出來なかつた。

朝鮮の妖怪

……母國の化け物とは全然別物……寧ろ支那式なり………

以上掲げ來りし如く、朝鮮の傳說や物語の類は、盛に母國に傳はつて、いつしか其の人物も背景も母國獨特のものと化してしまつたのに拘はらず、妖怪のみは、どう云ふものか、緣が無くつてよく江戶ッ兒は、函根からコッチに化け物はないと自慢してゐるが、函根どころか、朝鮮の妖怪ときたら、下關へすら上陸し得ない。全く母國の妖怪とは別種のもので、多く支那式の妖怪である。今之を今村鞆氏著『朝鮮風俗集』から拾つて見ると、ざつと左の如くである。

孫閣氏

年齒妙齡に達して未た春を解せざる處女が天折したるとき、其の靈魂が惡鬼となつて代代其家に崇つたり又は他の處女に取り憑くのである。ところが、一説には又處女にのみ取りつく惡鬼であるとも云ふ。要するに巫女が愚民から金を絞る道具に過ぎぬ。

寃鬼

『寃鬼』といふのは未婚の處女若くは寡婦が、世間からあらぬ噂を立てられて女心の一途に思ひ詰めた揚句、縊死するとか乃至毒を仰で自殺したときは、其の靈魂が浮ばれないで寃鬼になる。さうして此の鬼は直ちに地方長官に祟る、又男でも寃罪で死んだ者の靈魂は化して此寃鬼となつて地方官に祟るのである。是は、輕々しく人の噂を立てたり又は地方官が輕卒に斷罪する事を誡めたものであらう。

昔は地方官が行政も司法も兼て行つてゐたからである。

水　鬼

「水鬼」といふのは、日本の河童で、川の中へ人を引込む鬼「未命」といふのは、若死にをした妻が、後妻に祟るので、之れも例の巫女の米櫃である。

虎　鬼

虎に食はれて死んだ者の亡魂が化して惡鬼となる。

童子菩薩

子供の死んだ、亡靈で、時々現はれて、兄弟に取り付くといふ仕末の惡い鬼で、これ杯は就中巫女の弗箱である。

トッカッピ

獨脚鬼と書く。朝鮮の人に聽くと色々な事を云ふが、何んでも女の月經の血が箒に著くと、トッカッピになるとか、古い道具類が此の鬼になるとか云つてゐる。此の鬼は惡い事も色々するが、其の中でも最も多くする惡戯は、人の家を燒く事である、原因なくして家の中から突然火が出て火事になるのは此の鬼の仕業である。併し此の鬼は惡い事もする代りに懇意になれば、金を持つて來て呉れるので、慾の深い者は密かに此の鬼を祭る、されど一朝仲が惡くなつたら最後其の儲けさせた金を、みんな攫つて行く、だからトッカッピと懇意になつて金の出來た者は直ぐに田地田畑を買つて、持つて行かれぬ樣にするのであるが、トッカッピは之に對して田畑の四隅に棒杭を立て行くさうすると作物が穫れなくなるといふ。又此の鬼は時に婦人を挑むことがある、之に應する時は金持になるが拒む時には貧乏人になると傳へられてゐる。所が此のトッカッピの苦が手は驢馬であつて、驢馬の鳴き聲を聞くと直ぐに逃げる、故に田舍の金持は驢馬を飼ふ者が多いとのことである。

家の中の鬼神

家の中に色々の鬼神があつて、之を祭ると家内安全になる、丁度母國の御幣擔ぎが台所に荒神樣、井戸に井戸神樣、厠にチョーズバ神樣だ杯と云つて祭る樣に朝鮮にも、迷信家の間には『聖主』（一名城主また上梁神）と云つて、梁の上で一家を守護する鬼神や『帝蓆』と云つて。奥の押入にゐる神さまや『業位』といつて、物置に居る神『基主』といつて宅地を司どる神、其他『守門將』は扉の中に居て門を守り『厨主』は母國の所謂る荒神さまで。臺所を司り『厠鬼』は便所の神さまで此の厠鬼のは女性の悪鬼であるといふ。

朝鮮奇談と傳說 終

大正九年九月十五日　印刷
大正九年九月廿二日　發行

朝鮮奇談と傳說

版權所有　不許複製

定價金一圓五十錢

著作者　山崎源太郎
京城本町二丁目五拾番地
發行者　小島庄次郎
京城太平通三ノ二八番地
印刷者　福田正治郎

發行所
京城本町二丁目
電話番號二五二七
振替京城二二二三
ウツボヤ書籍店
우쓰보야書房

發賣所
京城太平通
振替三〇〇
京城日報社代理部

印刷所　ウツボヤ印刷部

▽正十四金ペン先付

高級萬年筆

正十四金 米國製ペン先付 責任保證

		特價
○インキ止式	一號品	一圓八十錢
○インキ止式	二號品	仝 二圓八十錢
○自動吸入式	三號品	仝 二圓九十錢
○自動吸入式	四號品	仝 三圓九十錢
○繰出式	五號品	仝 五圓五十錢
○押出式	六號品	仝 六圓
○十四金飾付インキ止式	七號品	仝 六圓五十錢

無代進呈

右萬年筆注文者ニ限リ萬年筆用クリップ（金二十錢）各一本ニ一個宛進呈ス

振替口座ニテ御注文ニ限リ送料各拾錢

代金引換ノ御注文ハ各一本ニ付 代引送料 四十錢

萬年筆用上皮製錢入

一號品	金一圓五十錢
二號品	金二圓
三號品	金三圓
四號品	金四圓

送料萬年筆に同し

本品ハ銀貨紙幣、手帳切手、名刺萬年筆等ヲ收用スル便利ナルモノナリ

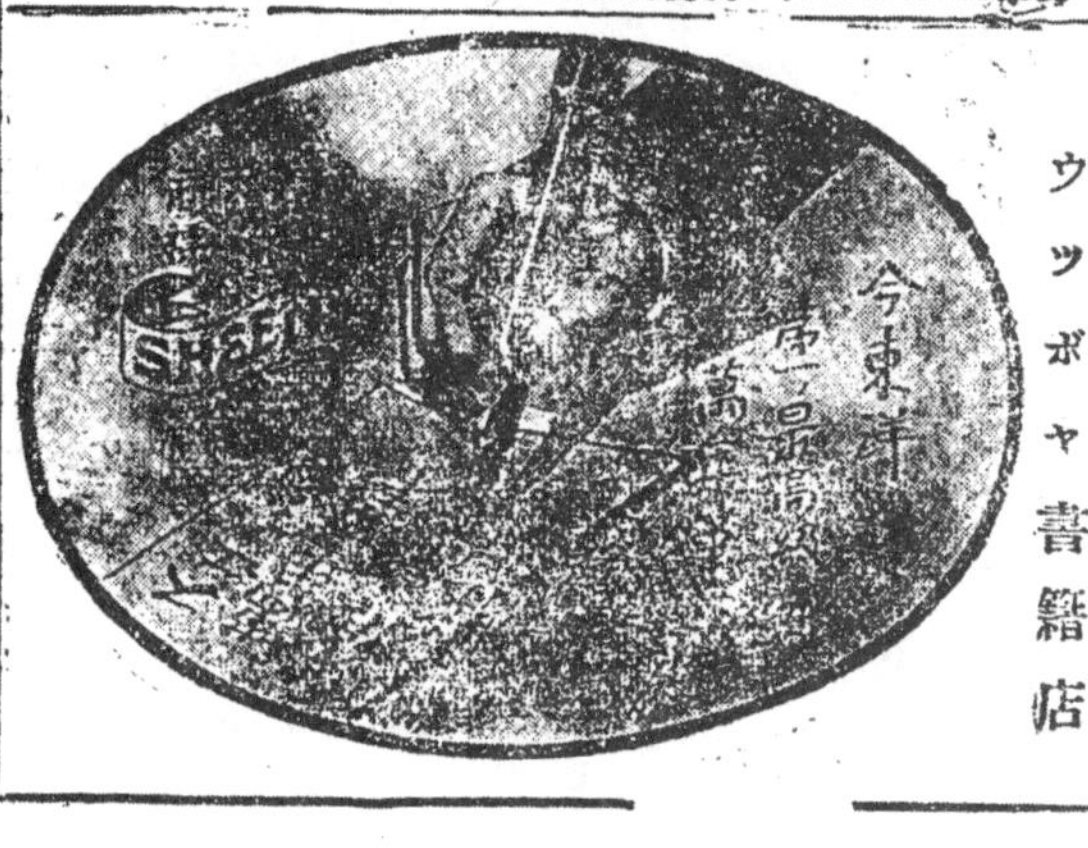

京城本町二丁目 ウツボヤ書籍店

이시준 숭실대학교 일어일본학과 교수
숭실대학교 동아시아언어문화연구소 소장
일본설화문학, 동아시아 비교설화・문화

장경남 숭실대학교 국어국문학과 교수
한국고전산문, 동아시아 속의 한국문학

김광식 숭실대학교 동아시아언어문화연구소 전임연구원
한일비교설화문학, 식민지시대 역사 문화

숭실대학교 동아시아언어문화연구소
식민지시기 일본어 조선설화집자료총서 8

조선의 기담과 전설

초판인쇄 2014년 09월 22일
초판발행 2014년 09월 30일

저 자 야마사키 겐타로(山崎源太郎)
편 자 이시준 · 장경남 · 김광식
발 행 인 윤석현
발 행 처 제이앤씨
등록번호 제2009-11호
책임편집 김선은

우편주소 서울시 도봉구 창동 624-1 북한산현대홈시티 102-1106
대표전화 (02)992-3253(대)
전 송 (02)991-1285
홈페이지 www.jncbms.co.kr
전자우편 jncbook@hanmail.net

ISBN 978-89-5668-417-8 94380 정가 35,000원
978-89-5668-909-8(set)